中国教育专家领航系列丛书（第三辑）

通用技术课程与教学

赵柏岩 著

世界图书出版公司

图书在版编目（CIP）数据

通用技术课程与教学 / 赵柏岩著 . -- 北京 : 世界图书出版公司 , 2021.11
ISBN 978-7-5192-9065-8

Ⅰ . ①通… Ⅱ . ①赵… Ⅲ . ①通用技术—教学研究—中学 Ⅳ . ① G633.932

中国版本图书馆 CIP 数据核字（2021）第 220541 号

书　　名	通用技术课程与教学
（汉语拼音）	TONGYONG JISHU KECHENG YU JIAOXUE
著　　者	赵柏岩
总 策 划	吴　迪
责任编辑	冯晓红
装帧设计	包　莹
出版发行	世界图书出版公司长春有限公司
地　　址	吉林省长春市春城大街 789 号
邮　　编	130062
电　　话	0431-86805551（发行）　0431-86805562（编辑）
网　　址	http：//www.wpcdb.com.cn
邮　　箱	DBSJ@163.com
经　　销	各地新华书店
印　　刷	长春市赛德印业有限公司
开　　本	787 mm × 1092 mm　1/16
印　　张	12.25
字　　数	186 千字
印　　数	1—3 000
版　　次	2021 年 11 月第 1 版　　2021 年 11 月第 1 次印刷
国际书号	ISBN 978-7-5192-9065-8
定　　价	45.00 元

中国教育专家领航系列丛书（第三辑）

丛书序

教育大计，教师为本。

《国家中长期教育改革和发展规划纲要(2010—2020年)》（以下简称《纲要》）中要求，“创造有利条件，鼓励教师和校长在实践中大胆探索，创新教育思想、教育模式和教育方法，形成教学特色和办学风格，造就一批教育家，倡导教育家办学”。2012年《国务院关于加强教师队伍建设的意见》（国发〔2012〕41号）在《纲要》精神的基础上，更明确提出要“培养造就高端教育人才”。党的十九大报告也进一步明确强调“优先发展教育事业”，打造教育家型教师是深入贯彻落实党的十九大精神和教育方针，办好人民满意教育的一项重要举措。

教育事业的发展离不开德才兼备的优秀教师。教育家型教师是教师队伍的领军人物，是引领教育事业发展的楷模和榜样，是教育事业改革与创新的核心力量，成为教育家型教师是每位教师的职业追求。

国将兴，必贵师而重傅。多年来，长春市把全面加强教师队伍建设作为一项重大政治任务和根本性民生工程切实抓紧抓好，遵循教师培养的规律，不仅高度重视新教师、骨干教师和名师的培养，也十分重视教育家型教师的打造。《中国教育专家领航系列丛书》选取了在长春教育一线工作，有教育情怀、有教育思想、有教育业绩，在全国有较大影响力的专家型教师，系统地诠释他们的教育主张、教学风格、教育智慧以及在教育教学中的学术成果。旨在传播这些教育家型教师的思想，推广其教育教学经验，进而感召和引领广大教师专业成长，推动教育事业的发展。

就在本丛书推出的过程中，中共中央、国务院印发了《关于全面深化新时代教师队伍建设改革的意见》（以下简称《意见》）。《意见》指出：“到 2035 年，教师综合素质、专业化水平和创新能力大幅提升,培养造就数以百万计的骨干教师、数以十万计的卓越教师、数以万计的教育家型教师。”本丛书的推出，恰逢其时。希望本丛书能为中国教师领跑，为实现教育现代化领路，为中国教育领航。

黄宪昱

序言

教育是有目的、有意识、有计划地培养人的社会实践活动。马克思主义创始人认为，影响人的发展的最根本因素是社会实践，离开了人的生产劳动和实践，就不能说明猿如何能进化为人，也不能说明人的发展为何能如此迅速。教育与生产劳动相结合是现代社会发展和教育自身发展的必然趋势。恩格斯曾经指出，人类高出动物的地方，在于人能认识和利用自然规律。所以，人类劳动本质上就是利用自然规律改造自然的活动。科技知识是人类生产活动的原动力，马克思称其为一般生产力，邓小平同志称它为第一生产力。人类劳动是劳动者运用知识劳动的过程，而生产工具和劳动对象正是知识的物化，这也表明科技知识是生产活动的原动力。马克思认为，在古代社会，科学知识就是生产活动的原动力，他把中国古代四大发明称作资本主义生产的摇篮。由于科技是生产力的第一要素，作为通过科学文化知识再生产进行人类自身再生产的教育则是生产力的根本要素。马克思主义创始人肯定人有自然属性、社会属性和意识属性，他把生产劳动和社会实践看作是人的本质表现。马克思说："人的本质并不是单个人所具有的抽象物，在其现实性上，人乃是一切社会关系的总和。"因此，社会性是人的根本属性，实践性是人的社会性的表现。不仅如此，人的意识属性也是在社会中形成的，人的自然属性也打上了社会的印记。

科学是研究自然发展变化的规律，技术则是根据实践经验和科学原理在生产过程中综合运用各种操作方法和技能。科学是潜在的社会生产力，而技术则是直接的社会生产力。科学可以通过与物质生产资料相结合，物化为生产技术，转化为物质生产过程中的直接生产力、现实生产力。现代生产发展的历史，则是科学技术与社会物质生产逐步相结合的历史。科学通过物化环节转化为生产技术，使其从知识形态上的生产力转化为直接生产力。

物质生产过程中劳动生产效率的提高程度取决于科学技术的进步程度。我们知道，影响社会劳动生产率的因素是多种多样的，有主观因素，也有客观因素，但在现代化生产发展的条件下，社会经济发展和社会生产力提高，不再是依靠劳动数量、劳动强度、劳动时间，而是依靠提高社会劳动生产效率。社会劳动生产效率的提高，还主要取决于现代科学和现代技术的进步程度。对此，马克思也有科学论断，他说："随着大工业的发展，现实财富的创造较少地取决于劳动时间和已耗费的劳动量，较多地取决于在劳动时间内所运用的动因力量，而这种动因自身——它们的巨大效率……取决于一般的科学水平和技术进步，或者说取决于科学在生产上的应用。"

教育的科学技术价值，是指教育在科学技术发展中的地位和作用。科学技术的社会和经济价值，在一定意义上是通过现代教育实现的。因此，阐明现代教育与科学技术是第一生产力的关系，也就揭示了教育的科学技术价值。根据马克思主义的观点，社会生产过程本身的条件，要受智力和与这种智力相适应的教育的控制。社会生产过程包括物质生活和物质生产、精神生活和精神生产，这些均要受到社会科学力量和教育的影响。随着新兴科技领域的不断开发，现代教育与科技的关系将越来越重要。在新的科技革命时代，劳动技能主要不是靠体力，而是以知识和智力为基础。科学技术生产力已成为决定性、关键性因素。同时，未来社会发展趋势，将是高知识、高技术、高智力的信息社会。在信息化社会，物质生产的发展，主要依靠科学技术的应用，依靠知识形态的生产力。

马克思主义创始人提出的人的全面发展学说，既是一种科学的人才观，又是一种科学的教育目的观，它对于现代人类的教育具有切实的指导意义，是我国制定教育目的的科学的理论依据。教育发展的基本目的是满足人的发展和社会发展的需要。教育是推动经济和社会发展的首要因素。教育是知识创新、传播和应用的主要阵地，也是培养创新精神和科技人才的摇篮。必须坚定不移地实施国家创新发展战略，大力提高全民族科技素养，提高我国关键核心技术创新能力，密切教育与经济、科技的结合，加快实现经济增长模式变革。教育是社会生产力的重要组成部分，教育已成为影响生产力发展的关键因素，教育同经济、科技、社会实践越来越紧密结合，正在成为推动科技进步和社会经济发展的重要力量。

学校的技术教育应当把培养学生的创新精神和实践能力作为重点。把科技知识的传授、技术方法的探索和创新精神的培植与养成结合起来，并注意把学校的技术教育同社会生产、工作实际尽可能地联系起来。提倡学生参与一定的社会实践，培养学生热爱科学的品质和敢于独立思考、勇于创新的精神。努力推进课程与教材、教学方法的改革，通用技术课程的教学和实践，有力地激发学生崇尚科学的热情，促进他们学好基本的科技知识，掌握一定的基本技能，形成一定的技术素养，初步养成对技术知识积极探索研究的习惯和勇气。

张月柱

前言

18 世纪中叶以来，人类历史上先后发生了三次工业革命，第一次工业革命开创了“蒸汽时代”，标志着农耕文明向工业文明的过渡；第二次工业革命使人类进入了“电气时代”，促使交通迅速发展，世界各国的交流更为频繁；第三次工业革命开创了“信息时代”，全球信息和资源交流变得更为迅捷，人类文明的发达程度也达到空前的高度。进入 21 世纪，人们普遍认为，以“智能时代”为标志的第四次工业革命即将到来，中国将第一次与发达国家站在同一起跑线上。

马克思指出：“机器生产的发展要求自觉地应用自然科学，生产力中也包括科学。劳动生产力是随着科学和技术的不断进步而不断发展的。”当前，全球创新活动进入新的密集期，各国间以科技创新为核心的竞争日趋激烈。斯大林曾说：“没有掌握技术的人才，技术就是死的东西。有了掌握技术的人才，技术就能够而且一定能够创造出来奇迹。”我国正处于“两个一百年”奋斗目标的历史交汇期，对科技人才的渴求比以往任何时候都更加强烈。面对日益复杂的国际国内形式，加大人力资本投入，增强技术教育与时代的适应性，深化职普融通、产教融合、校企合作，探索中国特色学徒制，大力培养高层次技术技能人才，加强基础研究和高技术领域原始创新能力，已成为当前社会发展的重中之重。

党的十八大提出实施创新驱动发展战略，强调科技创新是提高社会生产力和综合国力的战略支撑，必须摆在国家发展全局的核心位置。这是中央在新的发展阶段确立的立足全局、面向全球、聚焦关键、带动整体的国家重大发展战略。习近平总书记在党的十九大报告中，专门点赞我国近五年来的科技成就。创新驱动发展战略大力实施，创新型国家建设成果丰硕，天宫、天眼、蛟龙、墨子号、悟空、大飞机等重大科技成果相继问世。

2020 年我国 GDP 超过 100 万亿元，稳居世界第二，占世界经济比重预计达到 17% 左右。人均国内生产总值连续两年超过 1 万美元，稳居中等偏上收入国家行列，与高收入国家发展的差距继续缩小。这意味着我国经济实力、科技实力、综合国力又跃上一个新台阶。

与此同时，重大科技成果持续涌现。“嫦娥五号”成功登月并采样返回，“天问一号”火星探测器成功发射，500 米口径球面射电望远镜正式开放运行，“北斗三号”全球卫星导航系统正式开通，载人潜水艇“奋斗号”下潜突破万米，量子计算机“九章”成功研制。“可上九天揽月、可下五洋捉鳖”成为现实。科技创新日趋活跃，为经济高质量发展注入了新的活力。

2021 年 6 月 25 日，国务院印发《全民科学素质行动规划纲要（2021 — 2035 年）》。《纲要》指出，科学素质是国民素质的重要组成部分，是社会文明进步的基础。提升科学素质，对于公民树立科学的世界观和方法论，对于增强国家自主创新能力和文化软实力，建设社会主义现代化强国，具有十分重要的意义。

科技创新靠人才，人才培养靠教育，教育是民族振兴、社会进步的重要基石。新时代新形势，改革开放和社会主义现代化建设，促进人的全面发展和社会全面进步对教育和学习提出了新的更高的要求。随着科学技术突飞猛进的发展，技术日益成为我们生产生活和社会发展进步的重要因素。技术素养是当代青少年的基本素养，通用技术课程是普通高中学生人人必须修学的课程。

国际社会普遍认为，技术教育是构成未来社会成员基本素养的教育，是开发人们潜能，促进人的思维发展的教育，是人人都必须接受和经历的教育。联合国教科文组织国际21世纪教育委员会发表的文献提出，教育必须围绕“学会认知、学会做事、学会共同生活、学会生存”四种基本学习能力来加以安排，在未来工业条件下，学会做事、发展实践能力绝不只是单纯掌握某些操作技能，学会某些重复不变的实践方法，学会做事更注重对人的整体能力的培养。

从国际教育方面看，许多国家很早就在高中设置和实施了技术课程。如苏联从20世纪20年代开始，就在小学至高中一贯地开设以综合技术教育为特征的劳动课程；加拿大早在20世纪90年代就把技术课作为高年级的必修课程，高中阶段一般为2年或3年，其中技术教育为必修课，选修课程门类包括机械、电机、汽车修理、电子计算机、打字、木工、金工等，大部分为技术类内容；美国一直重视技术教育课程，将工程与技术教育摆在与数学同等重要的位置，相继出台了《美国国家技术教育标准：技术学习的内容》《促进技术素养的卓越前进：学生评价、专业发展和项目标准》等一系列重要文件；法国1999年着手新课程框架的建构和新的各学科课程大纲的起草，在未来的高中课程构想中，科学技术是所有学生必须学习的。世界各国高中技术类课程设置尽管形态不同，名称也不一样，但几乎每一个国家和地区在课程设置中都有技术类教育的内容，且更多地采用独立形态的课程来实施高中阶段的技术教育，实现技术教育的目的。

目前，我国中学生的动手能力普遍较差，对技术缺乏基本的了解，尤其对于日常生活中的技术缺乏必要的应对能力。虽然他们学习了很多的科学知识，可是却不能应用到生活实践中去，服务于自己的生活。诺贝尔物理学奖得主朱棣文教授认为：

"中国的学生学习很刻苦，书本成绩很好，但是动手能力差，创新精神明显不足。"我们传统的教育方式，只注重动脑能力的培养，不注重动手能力的锻炼，但是"纸上得来终觉浅，绝知此事要躬行"。如果通过开设通用技术课程，更多地关注中学生的动手实践能力，让他们有更多的机会接触和进行技术实践，就能够为他们搭建一个学习技术、亲身实践的课程平台。这样，通用技术这门课才有助于中学生动手实践能力的培养，使每个学生都能自始至终地保持强烈的动手欲望和兴趣。因此，在高中阶段开设通用技术课程是十分必要的，对于我们培养造就创新型人才、建设创新型国家具有重要意义。

本书阐述了在高新技术迅猛发展的21世纪，开设通用技术课程对提高全民技术素养的重要意义，以及在五育并举、融合育人背景下，通用技术跨学科项目式教学的实践探究具有一定的前瞻性和可操作性。本书共分为通用技术课程概述和通用技术教学实施两个部分，以通用技术课程教学在长春地区实施过程为依托，积极探索有长春特色的通用技术教育教学，尤其对项目式教学进行了详尽阐述，为通用技术课程在有限课时内实现教学效率最大化提供了可资借鉴的参考。期待通用技术课程能为培养具有创新精神和创造能力的时代新人发挥重要作用。

由于作者专业知识积累和文化水平有限，书中难免有错误和不妥之处，恳请广大读者批评指正。同时，本书在写作过程中参考了大量文献资料，在此向文献资料的作者致以诚挚的谢意！

目录

第一部分

通用技术课程概述

第一章　走进通用技术课程

一、设置技术课程培育时代新人

社会主义社会是全面发展的社会，社会的全面发展内在地包含了人的全面发展并最终落实到人的全面发展上。“五育＋技术教育”的“六育”是实现人的全面发展的必经途径和有效手段。“六育”并举、技术赋能，技术课程的设置、技术素养目标的确立，实现了普通高中课程结构的历史跨越，对培养具有创新精神和实践能力的新型人才，对学生的全面发展和中华民族的伟大复兴具有深远意义。技术课程与国家利益紧密联系，设置技术课程具有国际视野和时代意义。

技术是指从人类需求出发，秉持一定的价值理念，运用各种物质及装置、工艺方法、知识技能与经验等，实现一定使用价值的创造性实践活动。技术是人类文明的重要组成部分，是社会生产力水平的重要标志之一，是人类物质财富和精神财富的积累形式。20 世纪 80 年代末，引起世界瞩目的《美国 2061 计划》指出：“在下一个人类历史发展阶段，人类的生存环境和生存条件将发生迅速变化。科学、数学和技术是变化的中心。科学、数学和技术将成为教育今日儿童面对明日世界的基础。”

当今世界新技术革命的挑战和对新世纪人才的需求，使得各国纷纷把竞争的焦点放在教育改革上。而在世界性基础教育课程改革的浪潮中，改革传统的技术教育，设置富有时代特征的技术类课程，形成学术类课程与技术类课程的均衡性，满足以技术进步为主导的社会发展的需要，成为众多国家教育改革的主流取向。技术课程成为所有学生必须经历的学习内容，技术课程日益成为一个学科群，使技术与科学、社会、经济、劳动、职业等方面的联系更为紧密。采用“必修+选择性必修+选修”的形式，体现技术课程的基础性和开放性。由技能本位转向能力本位，由单纯地学技术、学技能转向设计与操作相结合、技术能力与共通能力相协调的目标追求。

技术课程在国际上受到高度重视，如英国普通高中设置的“设计与技术”“信息交流与技术”是国家课程规定的必修的基础课程；日本在普通高中设置“家政基础”“生活技术”“信息”等课程；美国在制定《美国国家科学教育标准》之后又制定了《美国国家技术教育标准》。很多考察过国外中小学教育的人，无不感叹各个国家对技术的重视和技术课程对学生的吸引力。与发达国家相比，我国青少年的技术教育还未得到足够的重视，这就导致了相当多的青少年不知如何实施创造，缺少“技术自觉”，没有养成运用技术解决生活中实际问题的习惯，这对于国家科技创新和经济持续发展是不利的。

因此，现代技术教育应引起全社会的关注，使技术教育成为培养青少年创造能力的主要环节。我们可以借鉴发达国家的成功经验，基础教育阶段从小学起就开设技术课，让孩子从小就学会设计，学会动手，开发其智力和动作技能。初中和高中的技术课应使学生能运用计算机进行简单的产品设计。高等教育应调整工科院校的办学方向，把培养高质量技术型人才作为重要任务之一。高校理科专业也应注重学生相关技术、技能的培养，文科院校亦应使学生掌握生活中常用的技术与办公自动化相关的技术、技能，使学生的成长与未来社会相适应，培养德智体美劳全面发展又具有一定技术能力的时代新人。

由于受传统思维方式的影响，长期以来在社会舆论上形成了一股重理论轻实践、重科学轻技术的现象，“学而优则仕”的思想反映了当下广大学生和家长通过学习改变命运的普遍心理，忽视了技术教育对青少年创造力的培养。技术教育的定位、学生毕业后的走向，这些方面还不够清晰、完善，也影响着学生对深入学习技术的兴趣。这种重理论轻实践、重科学轻技术的现象反映在教育上，就是人才培养总体结构失衡。企业高级技工缺乏，高等职业教育不够完善，培养的技术型人才无论在数量和质量上都难以满足企业的需要。

过去，人们一直认为技术课程就是技能训练，就是学技能，这是片面的认知。技术尤其是现代技术，蕴含着丰富的智力因素、道德因素和审美因素，这些都需要学生去领悟，去做出简单设计，去进行简单应用。因此，新课程中的通用技术强调心智技能与动作技能的结合，强调理论与实践的统一，强调学生由动手做走向动脑做，由丰富的感性走向深刻的理性。通过动脑做，学生的技术设计与制作能力、技术试验与技术探究能力以及利用所学技术解决实际问题的能力才能增强。因此，强调技术教育，无疑会非常有益于青少年创造性思维的发展。

技术是人类文明的重要组成部分，是人类文化的重要载体之一。无论是技术产品、技术知识，还是技术活动，都折射着丰富而生动的文化。就技术本身而言，技术不仅包含材料、工具、程序、工艺、方法等操作性因素，而且涵盖设计、优化、权衡、试验、结构观念和方法。此外，技术还携带着民族性、时代性以及科学、政治、经济、法律、道德、环保、审美等一系列社会文化特征和文化要素。无论是信息技术，还是更为宽泛的通用技术，都具有丰富而深刻的文化内涵，对提高学生的文化品位、开阔学生的文化视野具有重要作用。技术文化不是技术本体，而是人们在运用技术、设计与制作技术产品、解决生活实际问题的过程中，将技术观念、思想方法、技术知识、技能技巧、审美观念、规范制度、道德信仰、物资材料等融合在一起，渗透进技术活动与产品中的文化。

普通高中技术课程能够引导学生融入技术世界，增强学生的社会适应性，激发学生创造欲望，培养学生创新精神，强化学生手脑并用，发展学生实践能力，增进学生对文化的理解，提高学生交流和表达能力，改善学生学习方式，促进学生终身发展。随着技术在推动国家发展、社会进步等方面的作用日益凸显，技术课程也不断受到重视。技术课程的开设对于促进社会经济增长、社会财富增加、企业技术创新有着积极的意义。

进入 21 世纪以来，伴随着新一轮全球科技和产业革命的浪潮，我国与科技发达国家之间的竞争逐渐从隐性走向显性。特别是进入 2019 年以后，美国等科技发达国家对中国高新技术领域的封锁和产业限制更为严重，华为芯片供应等众多“掐脖子”技术事件引起了我国政府的高度重视，强化并完善我国的科技创新人才体系已成为发展的当务之急。从长远看，国际竞争的基础是人才之间的竞争，为了应对日趋激烈的国际竞争以及渐趋复杂的国内发展挑战，必须从基础性、前瞻性、战略性和全局性出发，大力推进国家创新发展战略，推进以科技创新为核心的全面创新。正如习近平总书记所说的那样：“我国要在科技创新方面走在世界前列，必须大力培养造就规模宏大、结构合理、素质优良的创新型科技人才。”

21 世纪带给人们无限的遐想与憧憬。21 世纪是科学技术飞速发展的世纪，人类开始迈入以数字化、网络化为平台的智能化社会，进入以高级智能机器人为代表的时代。技术学习领域的设置和《技术课程标准》的研制有其深刻的国际国内社会背景和教育背景，设置技术领域，是迎接未来社会挑战，顺应世界性基础教育课程改革浪潮的需要，是推进基础教育中技术教育发展的需要，是深入推进以培养创新精神和实践能力为重点的素质教育的需要，也是贯彻落实国家创新驱动发展战略，促进经济与社会可持续发展的需要。技术课程的开设对国家发展有利，对学生发展有利。

二、发展技术教育提高全民技术素养

技术是推动历史发展的不竭动力，在技术革命的推动下，人类迈入高新技术林立并迅猛发展的21世纪，高新技术已经成为国际竞争的焦点，而是否拥有高新技术也成为衡量国家综合国力的主要标志。高新技术的迅速发展，促进了劳动生产力的大提高、产业结构的大调整、经济的大发展。在以综合国力竞争为核心的新时代，谁有高新技术上的优势，谁就有经济、军事和政治上的优势，谁就能跻身世界强国行列。因此，必须发挥科学技术作为第一生产力的重要作用，依靠科技进步提高劳动者素质。只有大力推进科技进步和技术创新，不断提高工人、农民等生产劳动者的科技水平和劳动技能，才能培养和造就有较高技术素养的劳动大军，使我国在国际竞争中占据主动。

加强技术教育是提高全民技术素养、促进人的全面发展的重要途径。全民技术素养明显提高，形成比较完善的技术创新体系，促进人的全面发展是全面建设小康社会奋斗目标的一个重要方面。当前，我国国民整体技术素养还比较低，许多人技术意识不足，缺乏技术常识，难以应对生产生活中常见的技术问题。随着科技进步和人们生活水平日益提高，广大群众渴望学习和掌握现代技术，渴望获取方便快捷的生活方式。大力加强技术教育，能够进一步提高人们的技术素养，帮助人们掌握现代技术，创造更多物质财富，在提高物质生活质量的同时，得到全面而充分的发展。

实施技术教育要拥有一支规模大、素质高的技术人才队伍，要组织和引导科技、教育、文化工作者投身技术教育事业。加强科技人才的培养，培养一批农村先进适用技术的能手、企业技术创新的能工巧匠、青少年技术教育的优秀教师。科技人员不仅是先进生产力的重要开拓者，而且是科技的重要传播者。加强省级科技馆建设，并逐步建设地市级城市科技馆，要充分挖掘和利用现有技术资源，有计划地向中小学生开放高等学校、科研机构的实验室等设施，供他们参观学习。

技术素养的培养对国民素质的提高至关重要，技术素养内涵丰富，包括对技术的热情和关注、广博的知识面、扎实的基础知识、良好的知识结构、勤于动手和动脑的习惯、创新意识和创新能力等多方面，其核心是分析问题、解决问题的能力。学生的技术素养由以下四个方面构成：理解技术、选择技术、使用技术、管理技术。通用技术课程摆脱了原有劳动技术课的单纯劳动或片面关注劳动技能的模式，一改以技能为核心的传统技术教育，着重提高学生的技术素养，强调创造力的开发，加强技术与社会、技术与科学之间的联系，以全新的概念确立了技术课程的地位，回归了通用技术教育的本质，使这门课程有了质的变化和飞跃，尤其是在提高技术素养，促进学生多方面且富有个性的发展，培养学生创新精神和实践能力等方面。

重视开展技术实践活动是提升学生技术素养的有效途径。技术实践基于学生的直接经验，密切联系学生的生活经验和社会发展实际，体现了对知识的综合运用。技术实践使学生通过人与物的作用、人与人的互动来从事操作性学习，促使学生动手与动脑相结合，在活动过程中形成初步的技术意识和技术实践能力。通过技术实践活动、学生亲历产生需求、构思方案、表达交流、制作、试验、评价以及相应的分析、权衡、选择、优化、综合等一系列技术过程，让学生在活动中实践探究、体验感悟，以使学生形成规范的操作行为，保持对技术问题的强烈兴趣。技术实践活动面对的是广大高中学生，成效如何，关键看课程内容。一定要将最新科技成果，及时传授给广大学生，教给他们最先进的科技知识和适用技术，培养他们的实践能力和创新精神，提升技术素养，开发创造潜能，促进学生全面而有个性的发展。

在整个高中新课程改革方案中，职业意识、创业精神以及人生规划成为普通高中培养目标的重要内容。新的普通高中培养目标首次明确学生应初步具有独立生活的能力、职业意识、创业精神和人生规划能力，对自己人生进行思考、规划，这也是技术教育不可推卸的责任。通用技术教育不是学习简单的加工制作，而是要使公民具有技术意识、技术概念，了解最基本的技术常识；具有工程思维，学会设计、系统规划。通用技术的设计活动，着力培养学生的技术思维方式，将学生的动手与动脑能力相结合，成为培养学生创新精神和实践能力的良好载体。通用技术课程的开设，将使我国中小学技术教育迈向一个新的里程。

三、通用技术课程发展回顾

通用技术是高中新课程改革提出的一个新概念，从新中国成立以来的教育发展历程来看,我国的通用技术教育曾表现为综合技术教育、基本生产技术教育、劳动技术教育等具体形式。20 世纪 80 年代以来，基础技术教育就在全世界受到了空前的重视，将技术教育引入基础教育阶段，使其成为基础教育的重要组成部分，已成为世界性教育改革的普遍趋势。世界各国的课程改革都空前突出了技术教育在基础教育中的地位。通过重新审视我国原有的技术教育，总结经验和教训，并借鉴国际技术教育改革的经验而发展起来的技术教育，将技术确定为一个基础学习领域，明确技术课程为中小学生的必修课，并突破原有的技术即技能、技术教育即技能培训的藩篱，将技术课程的目标提升为培养和提高学生的技术素养，为学生应对未来挑战、实现终身发展奠定基础。

通用技术课程的目标着眼于学生的实践能力与创新精神，并关注学生技术素养的培养。学习内容的选择更注重基础性、综合性、人文性，并主张给学生提供个性化内容的选择机会。教学过程强调基于真实情境、基于问题解决、与社会生活密切相关的教学设计。注重对学生潜能的开发，鼓励设计方案的多样性，引导技术思想方法的形成与技能形成的结合，通过学习过程吸引学生，使学生成为技术学习的主体。通用技术课程的评价方式更注重发展性评价，强调引导学生运用科技与社会的视野评价技术。

《普通高中新课程方案（实验）》以及 15 个学科的课程标准已于 2003 年正式颁布。在充分论证和调研的基础上，山东、广东、海南等省及宁夏回族自治区于 2004 年 9 月率先进行了高中新课程实验，开设了通用技术课程。吉林省高中通用技术课程在 2008 年 9 月开设，长春地区同期开设高中通用技术课程。随着《普通高中通用技术课程标准（2017 年版）》的实施，高中通用技术课程的教育教学进入以提高学生发展核心素养和培养学科核心素养为特征的新阶段。

由于吉林省未将通用技术纳入高考，学生课程结束后只进行学业水平合格性考试，因此，吉林省目前只开设必修模块两本教材《技术与设计 1》《技术与设计 2》。普通高中通用技术必修模块教材是依据国家《基础教育课程改革纲要（试行）》和《普通高中技术课程标准（实验）》编写的。由于在通用技术课程开设之前，高校还没有相应的专业，所以通用技术教师基本上都是从其他学科转过来的专职或兼职教师，其中尤以信息技术学科、物理学科教师居多，通用技术教师专业背景多种多样。针对课程改革，目前已有高校开设了通用技术专业，相信在不久的将来，会有越来越多的专业教师加入到通用技术教育教学工作中来。

四、通用技术课程的内涵及基本特征

（一）通用技术课程的内涵

“什么是通用技术？”这是身边的同事或朋友经常问我们的一句话，我们往往以必修课代替通用技术课程所包含的全部内容来回答。也碰到过有人问：“通用技术是教什么的？”有时会听到有人讲：“就是‘做东西的’，就是在一个教室里有几张大桌子，几个人一组，拿些胶水、纸板、木棒什么的，听老师讲一讲、看一看视频里的样品和做东西的过程，然后自己做，做完之后画草图，再填个设计方案。”其实在课程开设之初，能说出这些已经很好了，至少他们已经在上课了。

长春地区经过十三年的通用技术教育教学实践，回过头来我们在总结的时候会发现，因为是一门新的课程，在最初的时候我们可能忙于开课，没有过多的时间去考虑学科深层次上的一些东西。带着这样的思考，我曾以“不仅仅是制作——我的通用技术课程观”为题与大家展开交流，期望能在课程观念、学科教学上引起大家的关注。

改变自我印象和给外界的印象。一提起通用技术大家首先想到的就是在实践室、教室里那种热火朝天的分组制作的场面，只要有领导来参观或搞教学交流活动，我们都喜欢用这一方式呈现给大家，仿佛不这么做我们就不够前沿，不这么做我们就不够高端，不这么做我们就不够“通用技术”！其实制作只是我们讲授的通用技术必修课程“技术与设计”内容中的一部分。

要想真正了解一个学科的主旨，我们就得从外部环境和学科本身综合去考虑分析，否则我们看到的永远只是一个表象、一个侧面，这样不仅不利于通用技术学科的发展，反而弱化、矮化了它作为基础教育阶段必修课程的重要地位。因为受观念和应试的影响，在一些人眼里，通用技术甚至可有可无，这与我们素质教育的目标是相违背的。

2004 年 9 月，我国开始了新一轮基础教育课程改革，教育部颁布了《普通高中技术课程标准（实验）》，这是我国技术学科第一个以课程标准形式出现并与其他学科同时颁布的国家课程文件。2014 年教育部印发的《关于全面深化课程改革 落实立德树人根本任务的意见》中，首次提出“核心素养体系”的概念。核心素养的提出，进一步落实了立德树人的根本目标,改变教育领域内依然大量存在的“唯分数论”现象。根据“中国学生发展核心素养”研究成果，核心素养以培养“全面发展的人”为核心，分为文化基础、自主发展、社会参与三个方面，综合表现为人文底蕴、科学精神、学会学习、健康生活、责任担当、实践创新六大素养。高中通用技术课程主要培养学生的创新精神和实践能力，通用技术课程的实施效果对学生核心素养的培养有着直接的影响。

2016 年 9 月，在“立德树人”的大背景下，以核心素养培养为目标的《普通高中通用技术课程标准》征求意见稿出炉，对之前的课程标准进行了补充和修订，明确提出通用技术核心素养包括技术意识、工程思维、创新设计、图样表达、物化能力五个方面。

在《普通高中通用技术课程标准（2017 年版 2020 年修订）》中，对通用技术及通用技术课程进行了如下描述：通用技术是指当代技术体系中较为基础、在日常生活中应用较为广泛、育人价值较为丰富并与专业技术相区别的技术，是学生适应社会生活、高等教育和职业发展所必需的技术。普通高中通用技术课程，以提高学生的学科核心素养为主旨，以设计学习、操作学习为主要特征，是一门立足实践、注重创造、体现科技与人文相统一的课程，是国家规定的普通高中学生的必修课程。

通用技术课程内容要面向学生生活、面向社会需要。任何课程内容都来自生活、来自社会，同时又服务于生活、服务于社会。生活中的许多问题，都可以抽象或转换为课程中的知识内容或某一学科的理论问题。或者说，课程中的很多知识、原理、规则等，都可以在生活中找到原型。这样，就可以把课程内容与学生的现实生活和经验联系起来。

通用技术课程实施策略与教学主题相关。从目前我国中小学课程实施的实际情况来看，大体有技能操作策略、情境发展策略和问题解决策略。技能操作策略是在教师的指导下，通过动手操作、手脑并用，使学生在实际操作过程中掌握直接经验，发展学生的观察能力、动手能力以及掌握身体技巧的策略，其一般程序是示范→设计→操作→反馈→操作→创新→总结评价。情境发展策略是通过活动情境或生活情境的创设和利用，激发学生的情感，让学生在彼此的合作交流中陶冶性情，获取知识，发展自身的策略，其一般程序是创设情境→活动交流→总结内化。问题解决策略是以问题解决为中心，培养学生理论联系实际的能力、分析问题和解决问题的能力，发展学生的探究意识和科研能力的策略，其一般程序是设置情境→确定问题→拟定解决方案→执行方案→总结报告。

在我国普通高中课程结构中，通用技术是一门基础的学科课程。学科课程有助于学习者获得系统连贯的科学文化知识；有助于教学的组织、评价以及教学效率的提高；有助于人类文化遗产的完整保存与传递。学科课程在指导思想上把教育看作是培养学生参加社会生活的手段，每一个具体学科是从人类文化遗产中提炼出的间接经验，受教育者学习各门学科以准备生活。在课程编订上强调根据各门学科知识固有的逻辑体系来加以安排，要求把各门课程包含的事实、概念、规则、结论都配置在一定的程序和系统中，使受教育者可以通过不同学科的学习掌握不同事物的运动规律。

在 21 世纪，学会认知、学会做事、学会共同生活、学会生存是社会发展和人的发展的客观要求。在当今教育与社会一体化的时代背景下，通用技术教育为职业教育的发展奠定了基础。“普通教育职业化，职业教育普通化”已成为未来教育发展的趋势。各国在基础教育课程建设上，除原来的学术性课程，共同的做法就是开设技术教育课程，其目的在于在技术上促进技术课程与普教课程的一体化。

科技在飞速发展，知识量在激增，知识的更新速度越来越快。课程内容是对各种知识的选择和加工，课程内容只有不断更新，才能跟上科技发展的步伐，才能满足学生发展和成长的需要。课程内容的现代化，就是不断吸取新的科学技术和文化成果，充实课程内容，提升课程建设水平。

（二）通用技术课程的基本特征

国家制定的《普通高中课程方案》体现出新课改将更加注重培养学生的综合素质，引导他们关注社会生活，并通过亲身实践运用所学知识、经验解决问题。通用技术作为一门崭新的课程，没有前人积累的经验可借鉴和参考,但因为各种与生活息息相关的内容被列入教材，因此受到特别的关注，在课程内容上呈现出以下几方面特征。

1. 立足实践

通用技术课程立足于学生的直接经验和亲身经历，立足于做中学和学中做。通用技术课程以学生亲手操作、亲历情境、亲身体验为基础，强调学生的全员参与和全程参与。每个学习者通过观察、调查、设计、制作、试验等活动获得丰富的操作体验，进而获得情感、态度、价值观以及技术能力的发展。通用技术课程不仅注重对符合时代需要、与学生生活紧密联系的基础知识与基本操作技能的学习，而且注重学生对技术思想与方法的领悟和运用，注重学生对技术的人文因素的感悟和理解，注重学生在技术学习中的探究、试验和创造，注重学生情感、态度价值观以及共通能力的发展，为每位学生应对未来挑战，实现终身发展奠定基础。

2. 高度综合

通用技术课程具有高度的综合性，是对学科体系的超越。它强调各学科之间的融合、各方面知识的联系与综合运用。学生在学习中不仅要综合运用已有的语文、数学、物理、化学、生物、历史、社会、艺术等学科的知识，还要融合经济、法律、伦理、心理、环保、审美等方面的意识。学生的技术学习活动不仅是已有知识与技能的综合运用，也是新的知识与能力的综合学习。通用技术包含 2 个必修模块、11 个选择性必修模块、4 个选修模块。课程内容包括具有时代气息、适应社会发展、体现未来科技走向、具有可迁移特征的内容，也包括贴近学生实际、富有挑战意义、满足学生个性发展需要、有利于课程实施和学生选修的内容。

3. 注重创造

技术的本质在于创造,通用技术课程是一门以创造为核心的课程。它通过对信息的获取、加工、管理、表达和交流，通过对技术的设计、制作和评价，通过对技术思想和方法的应用及实际问题的解决，为学生展示创造力提供广阔的舞台，是培养学生创新精神和实践能力的重要载体和有效途径。在通用技术课程的实施条件上，考虑到城乡差异和全国经济文化的不平衡性,采取只提要求、不明确规定载体等策略，注重课程资源的有效整合，为课程实施提供了广阔的自主空间。教学上注重学生全程参与、亲身经历，重视技术思想和方法的学习指导，力求实现有效的教和有效的学。评价上强调以学生的发展为核心，建立合理的评价机制，积极探索普通高中技术证书制度。

4. 人文融合

技术是人类文化财富的一种积累形式。任何技术在凝结一定的原理和方法，体现科学性的同时，都蕴含着丰富的文化信息，体现着一定的人文特征。通用技术课程不仅用技术内在的神秘感、创造性和独特力量吸引学生的参与，而且用技术所蕴藏的艺术感、文化性、道德责任打动学生的心灵。新的普通高中培养目标首次明确学生应初步具有独立生活的能力、职业意识、创业精神和人生规划能力。在整个高中新课程改革方案中，职业意识、创业精神以及人生规划成为普通高中培养目标的重要内容。

（三）通用技术与劳动技术的区别

通用技术既区别于专攻一技之长的职业技术教育，又区别于强调劳动的德育功能加上技能培训的传统的劳动技术课。通用技术课是为了使学生能获得未来发展、终身学习、美好生活和担当民族复兴大任所必需的学科核心素养，成为有理念、会设计、能动手、善创造的社会主义建设者和接班人。在必修模块“技术与设计 1”“技术与设计 2”中，虽涉及动手制作的内容，但作品或项目制作、物化的过程，主要是为了检验、优化设计方案而实施的，重在创新设计。

劳动技术课的教学目的是培养学生正确的劳动观点、劳动态度，形成良好的劳动习惯，并使学生初步掌握一定的劳动技术知识和技能。1981 年 4 月，教育部颁发的关于《全日制六年制重点中学教学计划（试行草案）》的说明指出：“中学阶段开设劳动技术课，进行劳动技术教育，使学生既能动脑又能动手，手脑并用，全面发展。”劳动技术教育是把劳动教育与工农业生产、社会服务性劳动的技术教育结合起来，既有利于促进学生德智体美等方面的全面发展，也能为他们将来的就业提前做好准备。

通用技术是高中新课程技术领域中的一个科目，与之前的劳动技术有着一定的联系，又在课程目标、教学内容以及教学侧重点等方面有着本质的区别。

1. 课程目标不同

学生在通用技术课程学习中，通过对体现时代特征和社会发展需要的技术的基础知识、基本技能、基本思想、基本态度的学习和基本经验的积累，形成对技术的亲近感、敏感性以及对技术的文化感悟；经历技术设计的全过程，形成一定的方案构思、图样表达、工艺选择及物化能力；能够领悟基本的技术思想，形成初步的系统与工程思维，发展创造性思维，养成用技术解决实际问题的良好习惯；体验技术问题解决过程的艰巨性和复杂性，养成实事求是、严谨细致、精益求精、追求卓越的工作态度，培育工匠精神，增强劳动观念，具备初步的职业规划和创业意识，形成与技术相联系的安全意识、规范意识、伦理意识、环保意识、质量意识、经济意识、创新意识等。

劳动技术教育是培养学生的劳动观点、形成劳动习惯并使学生初步掌握一定劳动技术知识和技能，为以后从事某种职业打基础的教育。劳动技术教育是贯彻教育与生产劳动相结合方针的具体体现，是社会主义全面发展教育的组成部分。劳动技术教育是劳动教育、技术教育与职业教育的综合，注重学生的劳动观点、劳动品质、劳动习惯和劳动技能的培养，增强自我管理、自我服务意识，养成良好的劳动、卫生及生活习惯，培养学生具有较强的心理承受能力和较强的与人合作能力。劳动技术课程的任务是通过理论知识的学习，了解劳动岗位的任务，掌握各岗位所需劳动工具的正确使用方法和维修方法并能使用劳动工具完成劳动任务。学会独立完成任务和与人合作共同完成任务，锻炼与人合作的能力，提高岗位责任心，增强纪律观念，培养自我管理能力，为将来走上工作岗位奠定良好基础。

2. 教学内容不同

在普通高中课程结构中，通用技术首次以独立学科形式出现，归属于普通高中八大学习领域的技术领域。人人拥有一定的技术素养，适应以技术为主导的当代社会发展和高质量生活的需要已成为时代的要求和基础教育的使命，成为素质教育的重要组成部分。通用技术课程的基础性和通识性也更加凸显，课程面向包括文科、理科、艺术科、体育科等在内的所有普通高中学生，无论是将来考取职业技术院校就读工科的学生，还是就读普通高校的学生都需要学习这门基础性课程，它是重在提高学生的技术素养、促进人的全面而富有个性发展的一个学习领域。通用技术学科的设立、技术素养目标的确立，实现了普通高中课程结构的历史跨越和劳动技术教育发展的历史突破。通用技术课程的教学内容更为丰富，由 2 个必修模块、11 个选择性必修模块、4 个选修模块组成。其中“技术与设计 1”“技术与设计 2”两个必修模块，以技术及其性质、设计的一般过程、设计的交流、设计的评价、结构与设计、流程与设计、系统与设计和控制与设计为内容展开。

原国家教委 1992 年颁布的《初中劳动技术课教学大纲》中列举的教学内容分别是必选项目和参考项目，包括种植、养殖、农副产品加工、木工、金工及农机具使用、电工与电子技术、生活服务等四大类 27 个具体的教学项目。课程开设一般有如下一些项目：电子技术、制图、编绣工艺（如刺绣、中国结）、服装基础（如服装裁剪与缝制、纸模）、现代农业（如花卉栽培、无土栽培）等。

1997 年颁布的《高中劳动技术课教学大纲》中列举的教学内容分为基本项目和参考项目两大类，包括种植、养殖、农副产品加工、钳工、木制品的初步设计与加工、电子制作、裁剪与缝纫等 14 个具体的教学项目。这些项目基本属于行业、工种的延续，在选作劳动技术课教学内容时，适当适量地减少了教学内容，降低了难度。教学大纲只注重劳动技术课的德育功能和知识技能价值。如木工、金工、电子技术等，每个项目可独立成为一个系统，选题相对集中，一本教材往往选取一种材料为主，如木工技术就是以木材为主设计各种教学活动，其优势是材料便于准备。

3. 教学侧重点不同

通用技术重在理解技术与设计，学习设计的过程，鼓励有创新意识的设计，学习运用技术解决生活和生产中的简单问题。比如小锤头的设计制作，首先要根据要求进行方案的设计创意，提出若干设计方案，从中选择出最佳的设计方案，然后进行制作，制作完成后还需要设计一些技术试验对作品进行技术测试，比如要测试锤头与锤柄之间连接的强度是否符合要求等。最后得到的是学生设计制作的各种各样的、具有个性化设计方案的小锤头，学生的创造力和想象力得到充分发挥。

劳动技术教学多以作品制作为核心展开教学，学习技术操作，提高动手能力。通过工具的使用、读识图、加工材料、制作、评比，完成作品。它以操作技能训练为主线，突出技术点的教学，注重技能训练的多次反复，注重模仿。通常因为制作材料规格相差不大，作品雷同，缺少个性。学生听老师讲、看老师示范、模仿练习、制作。例如同样是学做一个小锤头，在劳动技术课上，学生只需要按照金工的操作要领、要求和顺序，模仿教师的范例进行操作，最后大家做出一个统一要求、统一尺寸和统一材料的小锤头就可以。因此，劳动技术课教学是以技能训练为主，突出技能操作的多次反复、由简到繁的训练。通用技术课强调以设计、技术操作、交流与评价为主线开展教学活动，教学方式更为丰富，是技术习得、技术探究和技术设计并重的教学。

第二章　通用技术课程基本理念与目标

一、通用技术课程基本理念

（一）着力培养学生所必备的学科核心素养

普通高中通用技术课程是高中学生的必修课程。通用技术课程面向全体学生，为每一个学生拓展技术教育学习经历，落实受技术教育权利提供机会和条件。通用技术课程蕴含丰富的育人价值，应避免单一、机械的技能学习，着力培养学生树立正确的价值观，促进必备品格与关键能力的提升，积极理性地参与技术活动，成为适应时代发展要求的技术使用者和创造者。

（二）构建结构合理、满足学生多样化发展需求的课程体系

在通用技术必修课程基础上，着力构建体现学生不同发展取向的选择性必修和选修课程体系，最大限度地提供多维度的课程选择。从学生的日常生活需要、工科潜能发展、职业发展以及技术创造兴趣等角度展开，兼顾传统工艺与现代技术、技术的分化与综合、国家课程与校本课程等方面进行课程设计，以满足学生的不同发展需求，促进学生全面而有个性的发展。

（三）选择体现时代特点、与生活紧密联系的课程内容

技术发展日新月异，大数据、人工智能、虚拟现实、新材料、新

能源技术等开始走进日常生活。通用技术课程内容应与时俱进，设计课程内容应紧密联系学生生活和生产实际，在坚持基础性的同时，既选择具有时代气息、适应社会发展、体现未来科技走向、具有可迁移特征的内容，又选择贴近学生实际、富有挑战意义、满足学生个性发展需要、有利于课程实施和学生选修的内容。

（四）注重科技与人文的有机融合，突出实践能力、创新思维和工匠精神的培养

现代技术注重科技与人文的统一和融合。通用技术课程通过技术设计与技术探究等，强化科学原理的运用；通过对技术所蕴含的经济、道德、法律、伦理、心理、环境、审美等因素的综合分析，深化技术认识，开阔文化视野。充分利用通用技术课程，发展学生对知识的整合、应用、物化和解决技术问题的能力，提高学生的实践能力。营造体现创新文化的教育环境，通过丰富多彩的设计性、探究性、创造性活动，激发学生的开放性、批判性思考和创造性潜能，使学生的创新意识、创新思维得到进一步发展。通过作品制作、工艺实践、技术试验、方案物化及优化等，培养学生严谨细致、精益求精、追求卓越的工作态度，注重培养学生的工匠精神。

（五）倡导核心素养理念引领下的多样化学习方式

通用技术课程以学科核心素养的培养为导向，倡导以学生为中心、实践为核心的多样化学习方式。根据学生的身心发展规律和技术学习特点，立足学生的直接经验和亲身参与，充分利用现代信息技术，精心设计和组织学生的学习活动，注重创设与学生已有经验相联系的多样化学习情境，采取自主、合作、探究等学习方式，进行技术体验、技术设计、技术制作、技术试验等实践活动，促进学生学科核心素养的形成与发展。

（六）建立学习结果与学习过程并重的评价机制

通用技术课程的评价提倡学习结果与学习过程的统一。既关注学生技术知识掌握、实践技能习得、技术作品形成等，也关注学生技术思想方法、情感、态度、价值观的发展情况，还关注学生技术学习活动中技术经验的积累、原理的运用、方法的融合、设计的创新、技能

的迁移、文化的感悟等，努力实现教、学、评三者的有机统一。

二、课程目标的内涵

目标是预先设定的意欲达到的状态，课程目标是根据国家的教育方针、相应学龄段教育的性质和任务及学生的身心发展规律所确定的，学生通过完成规定的课程教学内容和任务所应达到的学习结果，也就是预先设定的要求，通过某门课程的学习而在相关素质或特征方面所应呈现的状态。它受国家基础教育规定的教育目标和培养目标的制约，是总的人才培养目标在某个阶段某个方面的具体体现。

在课程标准中，课程目标即学生课程学习的成就标准，它是课程性质、价值及课程观念的具体体现，同时也是课程编制、课程实施、课程评价及课程管理的出发点和基本依据。课程目标有三个基本特性，一是以学生为主体，即课程目标所描述的是以学生作为主体所应呈现的状态；二是可观测和评价，即课程目标所描述的具体状态应当是可以外部观察、直接把握或采用一定的手段评价的。因此，课程目标应当清晰明确，不能含含糊糊，使人捉摸不定；三是反映基本要求，这可以从两个方面来理解：一方面，课程目标作为学生课程学习的成就标准，是对学生学习所必须达到的最低要求的设定，它应当是每个学生都应达到的；另一方面，它作为一个标准只要求学生基本达到即可，并不要求每个学生在这方面都很优秀。课程实施中教师的教学和学生的学习都可在这一点上灵活应用。

课程目标与广大教师所熟悉的教学目标有很大区别。教学目标即教学目的和要求。它是指学生通过一定的技术学习所形成的在知识、技能、能力及情感、态度、价值观等方面的变化。课程目标则是学生通过课程学习所应达到的预设状态。一般来说，课程目标概括性强、较为抽象、适应面较广，适用于整个课程建设和管理过程，而教学目标较为具体、适应面较小，仅限于微观教学过程；课程目标的实施主题涉及面广，如涉及国家各级教育行政部门、教师培养与培训机构、广大中小学教师和学生、课程研究与指导机构及中小学教材编制出版部门等，而教学目标一般只涉及教学过程中的教师和学生及教辅人员等；课程目标有较高的原则性和稳定性，而教学目标有较高的针对性和一定的灵活性。当然，课程目标和教学目标也有紧密的联系，课程目标指导着教学目标的制定，教学目标是课程目标的具体化，是课程目标实现的基础。

三、通用技术课程目标

通用技术课程以技术的发展和应用以及技术对人类社会和环境的影响为重点。通用技术课程属于通识教育范畴，是高中学生的必修课程，通用技术课程必须面向全体学生，为每一个学生拓展技术教育学习经历，为学生谋生和实现人生目标做准备。在通用技术课程学习过程中，我们应该树立正确的教育观念。我们都生活在技术社会中，接受通用技术教育，使年轻人有能力使用新技术工具是十分必要的。事实上,很难找到一门不使用任何技术的课程,技术遍布于每个课程之中，而通用技术的学习则有助于我们更好地理解技术社会。

（一）通用技术课程总目标

通用技术课程总目标是通过本课程的学习，使学生进一步开阔技术学习的视野，学会或掌握一些通用技术的基本知识和基本技能，掌握技术及其设计的一般思想和方法；具有一定的技术探究、应用技术原理解决实际问题以及终身进行技术学习的能力；形成和保持对技术的兴趣和学习愿望，具有正确的技术观和较强的技术创新意识；养成积极、负责、安全地使用技术的学习习惯，发展初步的技术能力和一定的职业规划能力，为迎接未来社会挑战、提高生活质量、实现终身发展奠定基础。

技术观是对技术较为系统和根本的看法，它对良好技术素养的形成,对学生可能涉及的技术活动及其内容的选择具有重要的作用。同时，在当代技术日新月异发展，技术对人类生产和生活的正反两个方面的影响日益深刻的情况下特别值得关注。技术探究能力目标，突破了过分强调技能性目标的现象，使得技术课程的基础性和通用性在目标中得到落实和良好体现。

通用技术课程提出要发展学生一定的职业规划能力，从而加强了普通教育中的技术教育与职业教育中的技术教育在相关目标中的联系与沟通，这与迎接未来社会挑战、提高生活质量、实现终身发展的目标相吻合。值得说明的是，这里不是以职业技能为目的，而是以职业的规划为目标。职业规划是一般的基础能力，而职业技能则是一种具体的、典型的、专业化的能力特征。

通用技术课程总目标为学生迎接未来社会挑战、提高生活质量、实现终身发展奠基，形成人与社会协调统一的教育目的观。迎接未来社会挑战，体现了人的社会存在性，折射着人对社会主动适应的积极人生观和价值观；提高生活的质量，把课程设计基于生活、面向生活、回归生活统一于生活质量的目标之下。

（二）通用技术课程具体目标

1. 培养技术理解、使用、改进及决策能力

这是技术素养的重要内容，也是学生通过通用技术课程学习应当实现的基本能力。技术具有两面性，必须引导学生正确理解技术，妥善使用、改进技术，综合考虑环境、经济等各方面因素，增强技术决策能力。过去，我们可能更多地看重技术的使用能力，即对技术操作技能的掌握以及熟练程度比较重视，但这仅仅是通用技术课程目标的一部分。随着社会的发展和人们认识的提高，由技术的使用能力拓展到理解能力、改进能力、决策能力及管理能力，这是通用技术课程发展的必然。

2. 培养以意念表达与理念转化为操作方案的能力

通用技术以提高学生的学科核心素养为主旨，以设计学习、操作学习为主要特征，这决定了它注重以培养学生的创新能力和综合设计能力为主要目标。培养学生具备技术意识与工程思维，具备将最初的技术设想转化为可操作的技术设计、制作方案的能力，把设计思路用图形等技术语言表达出来，形成设计方案。在设计制作过程中掌握技术的知识和原理，体验技术带来的新鲜感和成就感。

3. 培养知识整合、应用及物化的能力

未来的社会是一个高度技术化的社会，未来公民应能全面适应突飞猛进的科技社会，能综合运用各种科学、技术、人文知识解决实际问题。技术认知过程中涉及的各种对象、结构、功能、方法，都需要按系统原则不断整合起来，将分科的知识综合，将具有信息意义的知识转变为应用知识，将无形的知识转变为有形的知识，通用技术课程在这些方面都有着得天独厚的优势。知识的整合能力、应用能力及物化能力是培养学生实践能力的中介，同时也是学生实践能力的具体化。

4. 培养创造性想象、批判性思维及问题解决的能力

创造性想象是人类知识增长和财富积累的重要机制，不仅使人的智能得到锻炼和发展，而且能给人以良好的情感和身心的愉悦。创造性想象与批判性思维有着紧密联系。敢于和善于对人类已有成果进行反思、进行批判的人才会有更丰富的创造性想象，才会产生更为强烈的创造性想象的内在驱动力。能够围绕问题展开批判性思维和创造性想象，就容易形成问题解决的思路。通用技术课程中的技术设计等活动，应能成为激发学生探究、批判和创新的良好载体，使学生的创造潜能、批判思维得到有效开发，提高学生解决问题的能力。

5. 培养技术文化理解、评价及选择的能力

技术是人类文化的重要组成部分，文化性不是技术外在的特征，而是其内在的特征。不同的历史时期、不同的民族产生着不同的技术文化，不同的世界观、不同的价值观催生着不同的技术文化。对学生进行技术文化的理解、评价及选择能力的培养，就是要使学生去解构技术中的文化特性，理解世界的多元文化在技术上的体现，能从一定的价值观出发去选择适合自己或本民族的技术文化，并尽可能将文化要素列入技术设计的考虑因素之中。

通用技术课程是丰富多彩的，技术设计的学习对于创造性想象能力、理论向实践转化能力等的发展具有重要作用。技术操作学习对学生动手能力的培养，对学生手脑结合、手脑协调的训练具有重要作用，技术中所蕴含的思想、方法、文化等方面的因素具有教育价值。中国

工程院院士吕志涛先生认为："通用技术课程对学生的发展具有重大作用，它有利于提高学生的思考能力、想象力和创造力以及解决实际问题的能力，可促进学生手脑结合、全面发展。它将为学生的终身发展打下良好的基础。"

四、核心素养育人模式

素养是由训练和实践而获得的一种道德修养。广义上讲，包括道德品质、外表形象、知识水平与能力等各个方面，是指一个人在品德、知识、才能和体格等方面先天的条件和后天的学习与锻炼的综合结果。

中国学生发展核心素养是指学生应具备的、能够适应终身发展和社会发展需要的必备品格和关键能力。中国学生发展核心素养以培养全面发展的人为核心，以科学性、时代性和民族性为基本准绳，分为文化基础、自主发展、社会参与三个方面；综合表现为人文底蕴、科学精神、学会学习、健康生活、责任担当、实践创新等六大素养；具体细化为人文积淀、人文情怀、审美情趣、理性思维、批判质疑、勇于探究、乐学善学、勤于反思、信息意识、珍爱生命、健全人格、自我管理、社会责任、国家认同、国际理解、劳动意识、问题解决、技术运用等18个基本要点（如图2-1）。核心素养是党的教育方针的具体化，是连接宏观教育理念、培养目标与具体教育教学实践的中间环节。

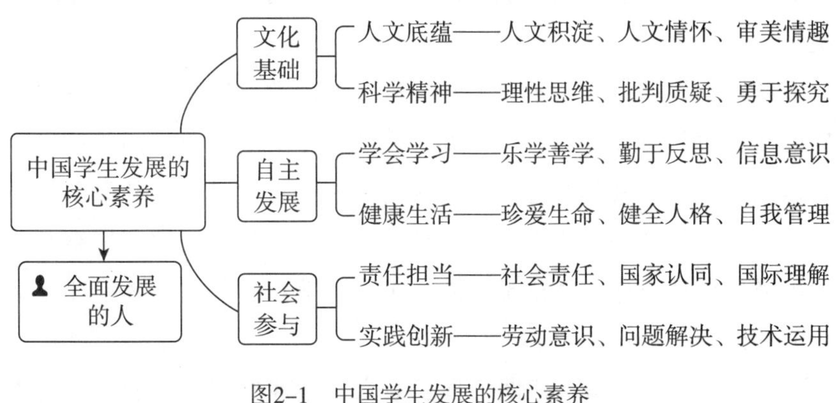

图2-1　中国学生发展的核心素养

教育的根本问题是“培养什么人、怎样培养人”的问题。随着改革的深入，跟随世界各国教育改革的走向，我们越来越把“培养什么人、怎样培养人”聚焦在学生发展核心素养上，换个角度说，核心素养正是要准确而具体地回答“培养什么人、怎样培养人”的问题。所以，核心素养这一主题的实质就是“培养什么人、怎样培养人”。

学科核心素养是学科育人价值的集中体现，是学生通过学科学习而逐步形成的正确的价值观念、必备品格和关键能力。通用技术学科核心素养主要包括技术意识、工程思维、创新设计、图样表达、物化能力五个方面。

技术意识：是对技术现象及技术问题的感知与体悟。学生能形成对人工世界和人技关系的基本观念、技术的规范、标准与专利意识；能就某一技术领域对人、社会、环境的影响做出一定的理性分析，形成技术的安全和责任意识、生态文明与环保意识、技术伦理与道德意识；能把握技术的基本性质，理解技术与人类文明的有机联系，形成对技术文化的理解与主动适应。

工程思维：是以系统分析和比较权衡为核心的一种筹划性思维。学生能认识系统与工程的多样性和复杂性；能运用系统分析的方法，针对某一具体技术领域的问题进行要素分析、整体规划，并运用模拟和简易建模等方法进行设计；领悟结构、流程、系统、控制等基本思想和方法并加以运用，能进行简单的风险评估和综合决策。

创新设计：是指基于技术问题进行创新性方案构思的一系列问题的解决过程。学生在发现与明确问题的基础上，收集相关信息，并运用人机关系及相关理论进行综合分析，提出符合设计原则且具有一定创造性的构思方案；能进行技术性能和指标的技术试验、技术探究等实践操作，准确地观测、记录与分析；能综合各种社会文化因素评价设计方案并加以优化。

图样表达：是指运用图形样式对意念中或客观存在的技术对象

进行可视化的描述和交流。学生能识读简单的机械加工图及控制框图等常见技术图样；能分析技术对象的图样特征，会用手工和二维、三维设计软件绘制简单的技术图样，能通过图样表达设计构想，用技术语言实现有形与无形、抽象与具体的思维转换。

物化能力：是指采用一定的工艺方法等将意念、方案转化为有用物品，或对已有物品进行改进与优化的能力。学生能知道常见材料的属性和常用工具、基本设备的使用方法，了解一些常见工艺方法并积累一定的操作经验；能根据方案设计要求，进行材料选择、测试与规划、工具选择与使用、工艺设计与产品制作等；能独立完成模型或产品的成型制作、装配及测试，具有较强的动手实践与创造能力。

通过学习通用技术能理解和掌握基本的科学原理和方法，培养技术意识，能科学地运用工程思维认识事物、解决问题、指导行为；能独立思考、勇于探究，具有好奇心和想象力；能不畏困难，有坚持不懈的探索精神；能大胆尝试，进行创新设计。具有动手操作能力，掌握一定的劳动技能，善于发现和提出问题，有解决问题的兴趣和热情；能依据特定情境和具体条件，选择制定合理的解决方案；具有在复杂环境中行动的能力等。学会运用技术解决生活问题，具有学习掌握技术的兴趣和意愿；具有图样表达能力，能对设计意图进行清晰与规范的表达。

随着 21 世纪社会经济和科学技术的发展，对人才的素质要求将越来越全面，越来越完善。课程目标不仅要关注学生知识的获得，更要关注学生品格的形成和能力的提升，使学生能够适应未来社会生活需要和发展，并且能创造美好的生活。习近平总书记在全国教育大会重要讲话中指出："培养什么人，是教育的首要问题。教育必须把培养社会主义建设者和接班人作为根本任务，培养一代又一代拥护中国共产党领导和我国社会主义制度、立志为中国特色社会主义奋斗终生的有用人才。"这种有用人才必须具备科学精神和实践创新能力，必须是德智体美劳全面发展、综合素养全面提高的时代新人（如图 2–2）。

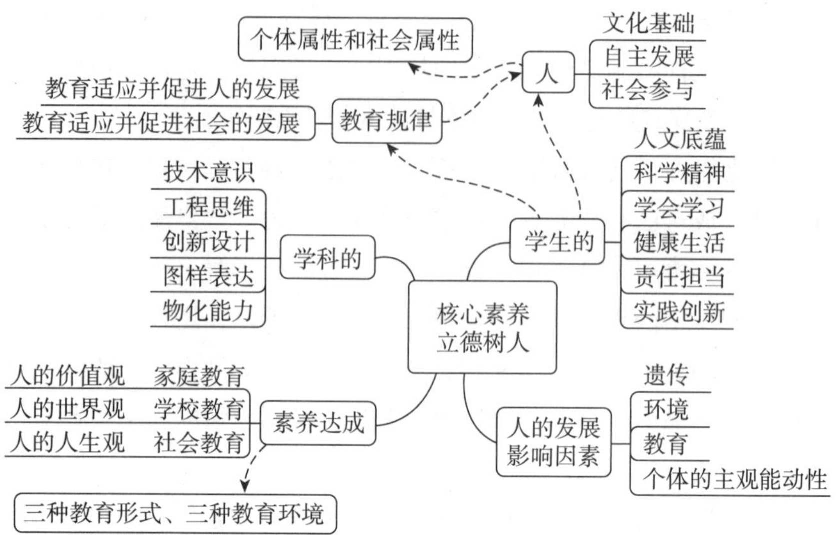

图2–2　核心素养育人模式

第三章　通用技术课程结构与内容概要

一、通用技术课程设计依据

（一）遵循普通高中课程方案，全面落实立德树人要求

根据教育部普通高中课程方案所确立的性质、目标、内容等方面的原则与要求，进行通用技术课程的整体设计，坚持把立德树人要求全面落实到课程设计的每一个环节和要素中，以学科核心素养为导向，

构建高中通用技术课程结构和内容体系。

（二）立足课程改革实践基础与未来发展的需要，注意传承与创新

经过十几年的课程改革实践，高中通用技术课程在国内外产生了积极的影响，既有诸多的成功经验需要继承，也有存在的问题亟待解决。因此，课程设计基于已有的实践基础，要坚持既定方向，保持必修内容的适度稳定性，强化与《普通高中技术课程标准（实验）》的有机衔接，努力实现改革与发展的循序渐进。

（三）汲取学科最新发展成果，借鉴国际技术课程的有益经验

通用技术课程设计从中国国情和教育实际出发，积极汲取世界上多个有代表性的国家和地区技术课程发展的经验和高中课程建设的最新理论与实践成果，理性分析，合理借鉴国际上高中技术与工程教育课程设计与实施的有益经验，把握技术及其教育的未来发展趋势，努力通过与时俱进的课程发展推进全民技术素养的提升和国家创新驱动发展战略的实施。

二、通用技术课程结构

随着《普通高中通用技术课程标准（2017 年版）》的实施，通用技术课程在结构上有了新的变化，根据教育部颁布的新课程标准，通用技术由原来的必修模块和选修模块变为必修模块、选择性必修模块和选修模块三部分（如图 3–1）。其中必修模块包括《技术与设计 1》和《技术与设计 2》两本教材，必修模块里的设计主要是指技术产品的设计，包括发现与明确问题、制定设计方案、制作模型或原型、优化设计方案、编写技术作品说明书等设计环节。两个必修模块的基本内容呈现递进关系，“技术与设计 1”是“技术与设计 2”的基础。“技术与设计 1”侧重基础性技术设计，旨在使学生经历一般的技术设计过程，掌握技术设计的基础知识和技能，形成基本的技术思想与经验以及情感、态度、价值观。“技术与设计”侧重专题性技术设计，选择现代技术原理中基础性强，适用面广，技术思想与方法可迁移

性大，实施条件较为开放的结构、流程、系统、控制四个主题为学习内容，旨在使学生学会运用一定的技术原理认识和分析技术问题，用在“技术与设计 1”中所学的知识与方法进行设计分析、方案物化和问题解决。这个模块的主要功能是满足高中学生毕业要求。

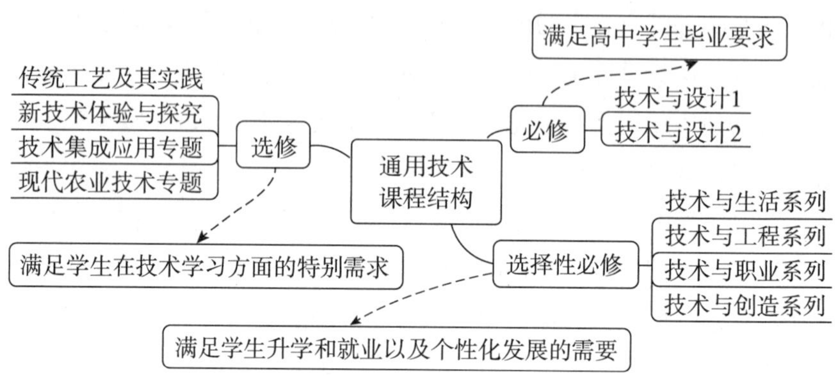

图3-1　通用技术课程结构

选择性必修模块包括“技术与生活系列”“技术与工程系列”“技术与职业系列”“技术与创造系列”，这四门课程主要是满足学生升学和就业以及个性化发展的需要，已实行新高考的浙江省将通用技术学科纳入“7 选 3”选考科目，选择性必修模块的部分内容包含在高中学业水平等级性考试范围内。选择性必修设 4 个系列，共 11 个模块。其中，技术与生活系列 3 个模块，分别为“现代家政技术”“服装及其设计”“智能家居应用设计”；技术与工程系列 3 个模块，分别为“工程设计基础”“电子控制技术”“机器人设计与制作”；技术与职业系列 2 个模块，分别为“技术与职业探索”“职业技术基础”；技术与创造系列 3 个模块，分别为“创造力开发与技术发明”“产品三维设计与制造”“科技人文融合创新专题”。各系列之间、系列中各模块之间均为并列关系。选修设 4 个模块，分别是“传统工艺及其实践”“新技术体验与探究”“技术集成应用专题”“现代农业技术专题”，这 4 个模块主要是满足学生在技术学习方面的特别需求。

吉林省通用技术课程现在只开设必修模块“技术与设计 1”“技术与设计 2”，每年 7 月进行学业水平合格性考试。必修模块的教材吉林省使用两个版本，即广东科技出版社的教材（以下简称粤版）和江苏凤凰教育出版社的教材（以下简称苏版），长春地区使用广东科技出版社教材。“普通高中通用技术新课程标准（2017年版）”出台后，粤版和苏版两套教材陆续更新，新版“技术与设计1”教材知识结构如图3-2和图3-3。

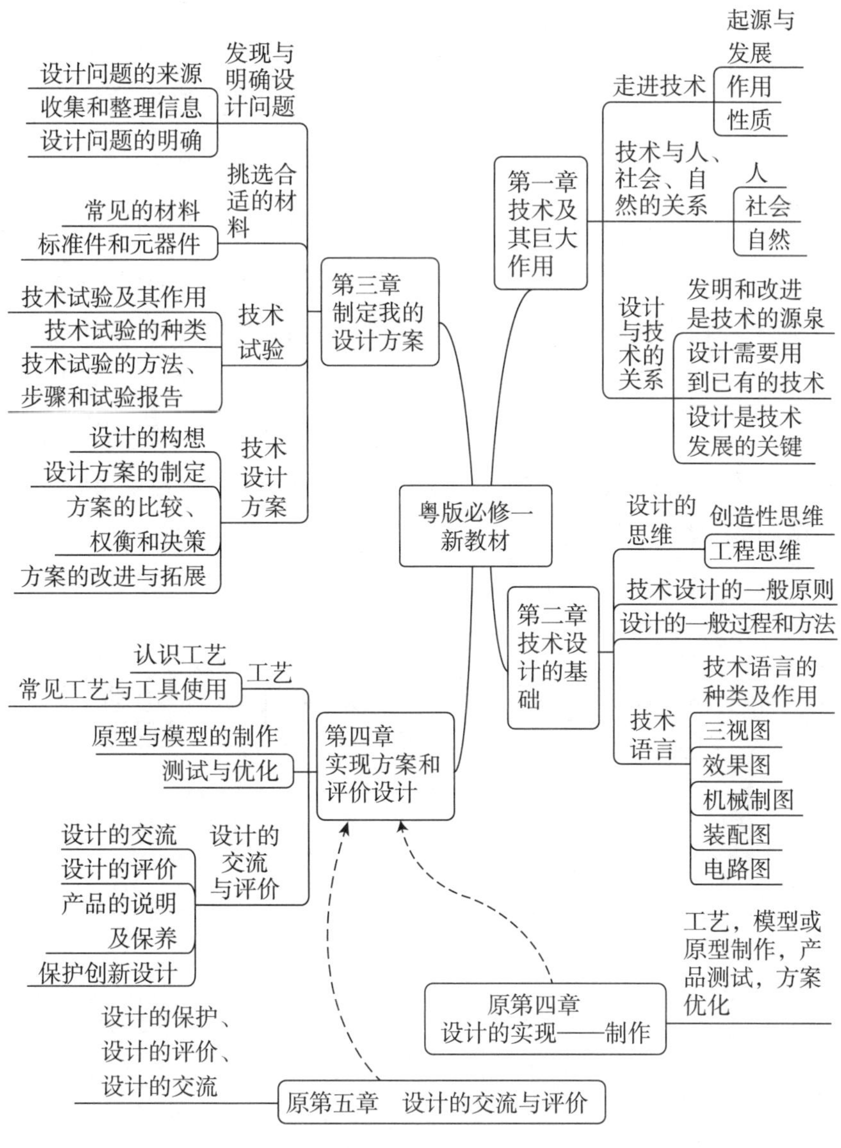

图3-2 粤版必修一新教材《技术与设计1》知识结构

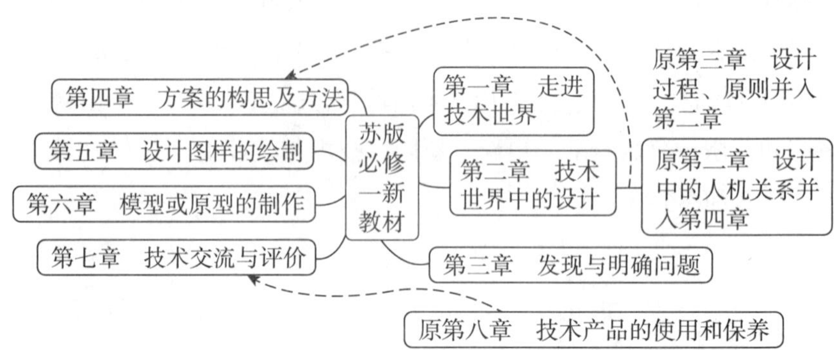

图3-3　苏版必修一新教材《技术与设计1》知识结构

吉林省通用技术学业水平合格性考试由吉林省教育考试院统一命题，考虑到地区间教材差异，为公平公正起见，考查的知识点从两套教材中共有的内容选取。因此，长春地区对两版教材进行了整合，以方便教师教学和学生考试。必修模块的两版教材只有《技术与设计 1》在章节划分上差别较大，《技术与设计 2》都是 4 章，整合的过程中我们主要对两版教材的《技术与设计 1》进行梳理，并建议出版方能将两版教材在知识内容上进行规划，与《技术与设计 2》一样统一整理成四章。具体如图 3-4 和图 3-5。

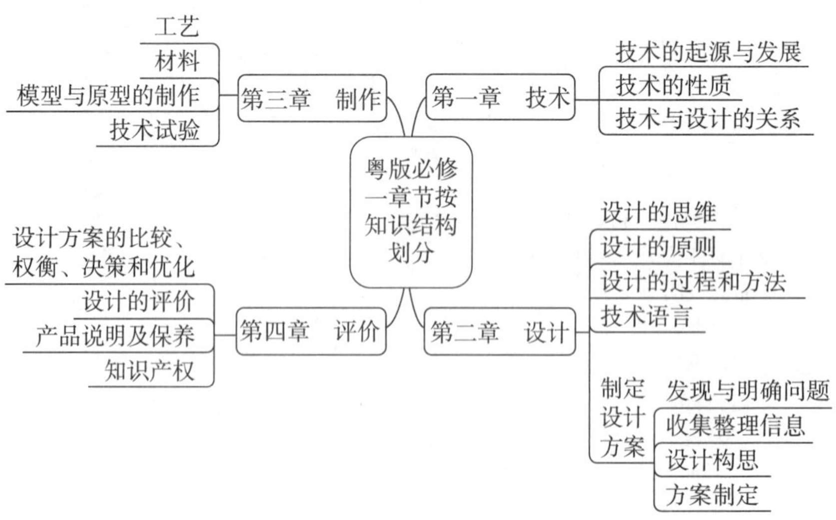

图3-4　粤版必修一新教材《技术与设计1》章节按知识结构划分

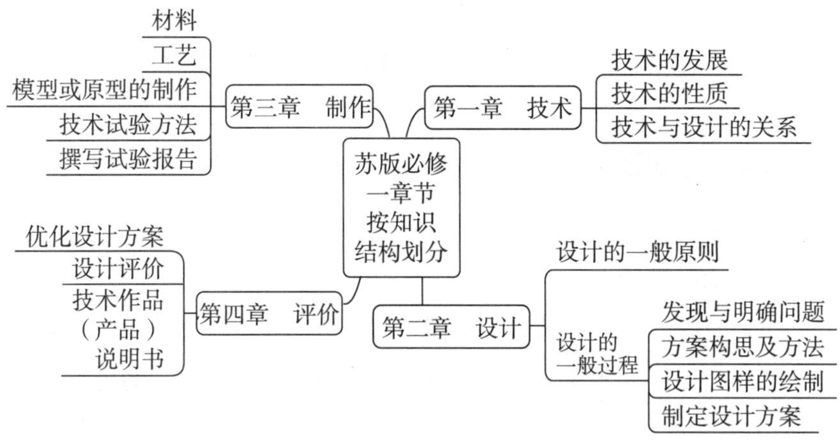

图3–5　苏版必修一新教材《技术与设计1》章节按知识结构划分

三、通用技术课程学分与选课

通用技术必修课程两个模块，计3学分，每学分18课时，共54课时。学生修完必修模块方能选学选择性必修和选修模块。教师应根据学生必修模块的学习情况以及职业发展规划，指导学生选学选择性必修和选修模块。选择性必修模块和选修模块为并列关系，可以在必修模块开设之后的不同学期开设。

选择性必修最高可选18学分，共设11个模块，每个模块为2学分，每学分18课时。学生可以根据个人兴趣和发展取向按系列选修或跨系列选修其中任意一个模块。“技术与生活系列”面向全体学生，以提高学科核心素养、强化技术在生活中的应用为主旨；“技术与工程系列”面向具有未来进入工科专业学习意向的学生，以发展技术与工程的兴趣和特长，强化未来进入工科深造的基础为主旨；“技术与职业系列”面向全体学生和具有未来进入高职学校学习意向的学生，以发展职业探索和职业选择能力，为未来进入职业世界和高等职业院校学习打好基础为主旨；“技术与创造系列”面向具有科技创新兴趣和创造发明意愿的学生，以强化培养学生的特长、技术综合运用和创新能力为主旨。

选修模块是学生自主选择修习的课程，面向具有技术学习特别需求的学生，最高可选4学分，共设4个模块，每个模块可选2学分，其中，“现代农业技术专题”设置6个选择性主题，每个主题1学分。

四、通用技术课程内容概要

（一）必修课程

1. 技术与设计1

设计是技术发展的关键。本模块旨在为学生深化对技术的基本认识，经历一般的技术设计过程，形成基本的学科核心素养打好基础。本模块由“技术及其巨大作用”“技术设计的基础”“制定我的设计方案”“实现方案和评价设计”四个单元组成。

【内容要求】

（1）感知生活中技术现象的普遍性和重要性，通过活动体验和案例分析，理解技术的性质，形成积极的技术价值观。

（2）结合我国优秀的传统技术文化和个人的成长经历，认识技术与人、自然、社会的关系，理解技术的历史发展给人类和社会带来的变化，形成对待技术的积极态度和使用技术的责任意识。

（3）熟悉技术设计的一般过程，经历发现与明确问题、制定设计方案、制作模型或原型、优化设计方案、编写技术作品说明书等技术设计环节和实践过程。

（4）根据设计的一般原则，运用一定的设计分析方法，制定符合设计要求的完整设计方案，并能通过技术试验等方法，对多个方案进行比较、权衡和优化，形成最佳方案。

（5）比较常见材料的特性、应用环境和基本加工工艺，掌握一些常用材料的连接方法，并能根据设计方案和产品用途选择和规划材料。

（6）掌握简易木工、金工、电子电工常用工具的一些使用方法，了解一至两种数字化加工设备（如激光雕刻机、激光切割机、三维打印机）的使用方法。根据设计方案恰当选择加工工艺，并制作一个简单产品的模型或原型。

（7）说明技术语言的种类及其应用，识读简单的机械加工图、电子线路图、效果图、装配图等常见的技术图样，运用手工绘图工具和简易绘图软件绘制草图、简单的三视图，用恰当的技术语言与他人交流设计思想和成果。

（8）阐述技术试验的意义、特点，结合技术作品的设计与评价进行简单的技术试验，写出技术试验报告，并体验技术探究、技术革新活动的乐趣。

（9）从技术的功用性、可靠性、创新性和文化性以及专利保护等角度对作品（产品）设计过程和最终产品进行整体评价，并形成初步的知识产权保护意识。

【教学提示】

（1）教学策略提示

可采用“钻木取火”等技术体验、技术实践方式使学生感悟和理解相关技术的性质，形成合理开发利用自然的意识，树立社会主义生态文明观；可通过播放技术发展专题片，参观当地科技场馆，研讨“工业 4.0”技术成因或了解体现中华优秀传统文化的科技产品演变过程等方式，使学生对技术发展形成历史感；可请学生自主选择技术案例进行利弊分析并加以归纳，以理解技术性质，形成技术意识；可采用分组实践的形式，用木工、金工工具或三维打印机等制作“孔明锁”“多功能开瓶器”等，以培养学生的工艺意识，增强学生对加工工艺学习过程的体验；可组织学生按照“可调节课桌”“环保花盆”等设计方案自主选择材料和工具，在材料的选择与比较中深化对材料特性的理解，形成环保意识，在模型或原型制作中体验方案物化过程的复杂性和创造性；可采用识读或绘制“桥梁结构图”“玩具车装配图”等活动体会技术产品的图样表达方式；可组织学生在“交通安全标识”“食品包装标识”“产品说明书”中寻找生活、生产中的技术语言；可组织学生在网上建立个人主页，展示自己设计的作品，说明设计思想，并广泛征求别人的意见；可采用在超市进行同类产品的技术参数分析或参加技术产品发布会等形式，让学生体会产品的多样化设计理念，提高他们对技术及产品的鉴别、比较、权衡、选择和评价能力。

（2）项目任务提示

本模块教学实施的全过程可以采取大项目加辅助案例的形式。大项目应选择基础性好、综合性强且贴近学生生活的技术设计项目，如“可调节亮度的学生小台灯的设计”“可调节高度的学生课桌的设计”“橡皮筋动力导盲小车的设计”和“多功能笔筒的设计”等，技术试验、技术探究的小项目可以配合大项目作品的某个组成部分或某个重要技术性能展开，项目实践的过程可采用“总—分—总”或“分—总”等方式进行。

（3）教学装备提示

①专用教室应保证有足够的设计、加工、交流和集中展示的空间，以及保存设计过程性成果的存储空间。教室内可通过张贴技术发展的历史图片、配置技术图样和陈列典型技术产品、样品或数字化展示等方式，营造技术学习氛围。

②专用教室应分区或分类管理。应配置网络环境和一定数量的计算机、相应的设计软件及资源库；配置符合安全规范和高中学生特点的实现相应工艺所需的绘图工具、手工工具、电动工具、机械加工设备、常用原材料及耗材；配置长度、质量、温度等测量仪器；配置测试材料和作品的抗压、抗拉、稳定性、承重等性能的测试设备；配置足够数量的防护用品（如护目镜、工作服）和常用医疗用品等。

③专用教室应配备体现现代技术新发展的教学装备，如激光雕刻机、激光切割机、三维打印机、小型数控加工中心、风洞等。应避免直接将工业和工厂用设备充当教学装备，避免将大量配置结构化塑料插接件充当高中学生实践材料。

④专用教室和设施设备必须符合高中通用技术课程的特点，必须符合国家及行业相关技术标准与安全要求。

【学业要求】

通过本模块的学习，学生能加深对技术性质与发展历史的理解，形成亲近技术的情感；掌握常用工具及其使用方法、常见材料及其加工方法、方案构思及其方法、图样识读与绘制、模型制作及其工艺等方面的一些基本知识与基本技能，具有运用技术设计方法解决技术问题的基本能力和基本经验，并实现有效迁移。初步形成关于技术的人技关系、技道合一、形态转换、权衡决策、方案优化、技术试验、设计创新等技术思想与方法。通过技术设计的交流和评价，培养合作精神，提高审美情趣，增强使用技术的自信心和责任心，培养良好的批判性思维和创造性思维品质。

2. 技术与设计 2

结构、流程、系统、控制是技术学科的基本概念，它们蕴含着基本的技术原理和丰富的技术思想和方法。本模块旨在帮助学生领悟技术原理的丰富内涵和广泛应用，提高运用技术原理分析和解决实际技术问题的能力。本模块由“结构及其设计”“流程及其设计”“系统及其设计”“控制及其设计”四个单元组成。

【内容要求】

（1）从力学的角度理解结构对技术产品及其功能实现的独特价值，了解结构的一般分类和简单的受力分析，并从技术和文化的角度赏析经典结构案例。

（2）通过技术试验或技术探究分析影响结构的强度和稳定性的因素，并写出试验报告。

（3）结合生活中的实际需求进行简单的结构设计，并绘制设计图样，做出模型或原型。

（4）理解流程及其环节、时序的含义，阅读和绘制简单的流程图，分析流程设计和流程优化过程中的基本要素，体会流程设计的基本思想和方法。

（5）结合技术需求进行流程设计和对已有流程进行优化，并用流程图表达出来。

（6）从技术应用的角度理解系统的含义、基本构成及主要特性，结合实例学会系统分析的基本方法。

（7）通过技术探究，分析影响系统优化的因素，并通过对简单的系统设计实践，初步学会简单系统设计的基本方法，增强系统与工程思维的能力。

（8）理解控制、控制系统的含义及在生产和生活中的应用，通过案例分析了解手动控制、自动控制、智能控制的特点。

（9）熟悉简单的开环控制系统和闭环控制系统的基本组成与工作过程，理解其中的控制器、执行器等的作用，了解干扰现象和反馈原理，并用方框图表达控制系统的工作过程。

（10）根据控制系统的控制要求，确定被控量、控制量，进行简单控制系统的方案设计，并搭建一个简易的控制系统装置，进行调试运行和综合评价。

【教学提示】

（1）教学策略提示

可引导学生从生活实际出发观察实体、壳体和框架结构的物体，认识不同结构及其应用；可通过技术试验，分析影响结构的强度和稳定性的因素；可组织学生参观本地具有民族文化特色的建筑，感受经典结构的魅力；可让学生制作并组装一个简单的作品，经历加工流程和装配流程，通过实践体会工艺流程；可因地制宜地组织学生参观周边企业，实地感受工业生产过程中的流程，理解流程的作用；可在工厂技术人员的指导下，阅读工厂中控室的工艺流程图，感受流程图在工业生产中的作用；可以自行车、计算机等常见生活用品为教具，剖析系统的组成与结构，引导学生理解系统及其特性；可以工程中的城市公交系统、室内电气线路系统、大面积农作物种植等为例，引导学生经历系统设计和系统优化的过程；可通过教师自制的光感窗帘装置、汽车道闸装置、水位控制装置、土壤湿度控制装置、光照控制装置、压力控制装置等教具，也可运用移动终端、二维码技术等，让学生分组观察、记录，从而理解控制系统、开环控制系统和闭环控制系统的工作过程，理解装置中各个部件的作用。

（2）项目任务提示

本模块可以采用大概念引导大项目的方式进行项目设置，如“可折叠自动控制阳台晾衣架的设计”项目可以体现结构设计、流程设计、系统设计、控制设计的设计思想的综合运用。考虑到本模块具有一定的技术含量，不同地区、学校可根据自身特点确定项目。例如，选择材料易得的制作项目或简易工业生产项目，如学校运动会会旗的自动升旗装置、自动门装置模型、水火箭、机械动力的简易飞行器、机械充电式手电筒、房屋雨水收集系统模型等；可选择易于操作的工艺项目，如金属笔筒、木质相框等，让学生设计加工流程并进行制作，也可让学生分组体验并行、串行工序；可选择贴近学生生活的控制设计项目，如定时投球控制装置、光感窗帘装置、压力过载报警装置、水位控制装置、光控电风扇装置等，以便学生在分组实践的过程中，体验控制系统的工作过程和不同控制方式的差异。

（3）教学装备提示

①本模块的教学应在专用教室进行。专用教室应具有足够的空间和设施，供学生开展技术设计、技术探究、技术交流和集中展示等活动。

②专用教室可以在“技术与设计 1”模块教学装备的基础上，增加结构试验、流程试验、控制试验的材料、模型和检测设备。同时，可适当配置一些结构、流程、系统、控制方面的功能实验模型、图书、挂图等，配置教师演示用的教具、模型，配置学生分组装配用的材料、半成品和套件。配置计算机和网络学习环境，以便学生查阅资料、计算数据和设计图样等。

③有条件的学校可配置用于测试设计作品性能的数字化测试仪器，配置相应的计算机辅助设计（CAD）、计算机辅助制造（CAM）、计算机辅助试验（CAT）类软件。

④专用教室和设施设备必须符合高中通用技术课程的特点，必须符合国家及行业相关技术标准与安全需求。

【学业要求】

通过本模块的学习，学生能理解结构、流程、系统和控制的基本概念和基本原理；能运用基本原理进行基于问题解决的结构设计、流程设计、系统设计、控制设计并加以物化，初步形成技术的时空观念、系统观念、工程建模、结构与功能、干扰与反馈等基本思想和方法；能使用常用的规范的技术框图等技术语言构思与表达设计方案；能结合生产和生活的实际，形成和优化设计方案并实施；能从技术、环境、经济、文化等角度评价技术设计方案和实施的结果，增强创新意识。

因吉林省目前只要求开设通用技术课程的必修模块内容，因此，选择性必修和选修课程只做简单介绍。

（二）选择性必修课程

1. 技术与生活系列

（1）现代家政技术

现代家政技术是基于日常家庭生活及其管理的常用技术。本模块旨在帮助学生掌握常见的与家庭生活相关的技术知识与技能，初步形成科学地利用技术创造美好生活的意识与能力。本模块由“家政概述”“家庭管理与技术”“家庭理财与技术”“家庭保健与技术”四个单元组成。

（2）服装及其设计

服装是人们用来装饰自己、保护自己的技术产品，反映着时代的文化特征、审美情趣和人们的生活质量。本模块旨在促进学生感知日常生活中技术的丰富性，进一步理解与运用技术思想和方法，感受服装设计所蕴含的文化艺术，加深学生对技术人文性的领悟。本模块由“服装与文化”“服装与材料”“服装与结构”“服装与制作”四个单元组成。

（3）智能家居应用设计

智能家居融合了物联网人工智能、大数据处理、建筑材料、自动控制等先进技术，意在创设一种智慧感知、协调控制、智能互联、方便快捷的家庭居住环境。本模块旨在为学生感受先进技术在家庭生活中的运用提供一个集通信、计算、控制于一体的应用性学习窗口。本模块由“智能家居架构与功能”“智能家居与物联通信”“智能家居简易产品设计”“智能家居系统设计与实现”四个单元组成。

2. 技术与工程系列

（1）工程设计基础

工程设计与实施是当今人类生产和生活实践的重要组成部分。本模块旨在帮助学生理解工程对现代社会发展的重要价值，能够简要分析具体的工程设计要素，经历工程设计的一般过程，通过简易工程的设计实践形成系统与工程思维。本模块由“工程设计概述”“工程设计一般过程”“工程设计建模”“工程决策与管理”四个单元组成。

（2）电子控制技术

电子控制技术是以控制系统的思想和方法为基础，运用电子电路实现信号采集、处理和驱动执行的技术。本模块为学生提供了学习设计和制作电子控制系统的知识与技能以及接触和尝试解决更为有趣、更为丰富的技术与工程问题的机会，为其适应未来生活和高校专业学习奠定基础。本模块由“电子控制概述”“模拟电路与数字电路”“传感器与继电器”“电子控制系统”四个单元组成。

（3）简易机器人制作

机器人是当今发展迅速、应用广泛且技术高度综合的现代技术产品。本模块旨在帮助学生深化对人机关系的认识，体验机器人设计与制作中软硬件协调、系统控制及路径规划的思想及方法，增强机械技术、电子技术、控制技术、计算机技术等的综合运用能力。本模块由“机器人结构与传动机械”“机器人感知与传感器”“机器人控制器”“机器人控制策略”四个单元组成。

3. 技术与职业系列

（1）技术与职业探索

普通高中阶段是学生进行生涯规划、职业探索的重要阶段。本模块旨在帮助学生对技术与职业世界进行探索性了解，理解技术、职业与社会三者的互动关系，培养正确的职业观、创业观以及成才观，形成一定的职业认识和生涯规划能力，为适应未来职业生活和高校专业学习奠定基础。本模块由“技术与职业结构”“技术与职业素养”“技术与职业选择”“技术与创业能力”四个单元组成。

（2）职业技术基础

随着现代技术突飞猛进的发展，技术与职业的联系越来越紧密。本模块旨在帮助学生体验并初步探索进入职业世界所必需的基本技术技能，为学生未来从事某一职业做初步准备。本模块由“材料及其加工”“能源及其转换”“信息及其管理”“技术使用与维护”四个单元组成。

4. 技术与创造系列

（1）创造力开发与技术发明

技术的本质在于创造，创造力的发展是一个民族立于不败之地的动力所在。本模块旨在帮助学生理解技术的发展需要发明和革新，能够有意识地运用一定的技术和方法体验发明创造的过程，形成积极的创造意向和兴趣，培养良好的批判性思维和创造性思维品质。本模块由“技术与创造力开发”“创新思维与技法”“创新工具与创客文化”“发明成果与专利”四个单元组成。

（2）产品三维设计与制造

三维打印技术是指在计算机控制下，采用层层叠加的方式来制造三维物体的技术。通过本模块学生能了解常见的三维打印技术及其原理，初步掌握一款三维设计软件，能够运用三维设计与制造技术的思想、方法与工具解决实际技术问题。本模块由“三维打印原理”“三维产品技术分析”“三维模型设计”“三维打印技术应用”四个单元组成。

（3）科技人文融合创新专题

科技人文融合创新主要是指基于真实的问题情境,综合运用科学、技术、工程、艺术、数学、社会（简称 STEAMS）等学科的知识、方法和技能，以专题学习或项目学习的方式进行问题解决与科技创新。本模块旨在帮助学生形成学科融合的视野，使学生能综合运用多学科的知识、方法，系统地分析和解决现实中的科学、技术与工程问题，发展工程思维，提高创新能力，发展综合素养。本模块由“科技人文融合创新概述”和“科技人文融合创新专题实践”两个单元组成，其中“科技人文融合创新专题实践”设置了桥梁、交通工具、航空器、医疗器械、矿山工程等设计专题，学校可选择 1—2 个专题加以实施。

5. 选择性必修课程在实践、活动环节涉及的内容

（1）家政服务课程配置如电子血压仪、血糖测试仪、电子体温计、脂肪测量仪、环保材料检测仪、智能轮椅、家庭急救药箱、担架床等。

（2）服装设计课程配置打版尺、软尺、大小人台、蒸汽熨斗、平缝机、包缝机、熨烫台、印染机等工具和设备，配备数量充足的不同材质的服装面料。

（3）电子控制技术配置电子操作台、焊接工作台和必要的电子元器件等材料，配置常见的继电器认知与应用套件、晶体三极管开关特性试验套件、电子控制技术案例演示模型、电子电路搭接实验箱、电

工工具箱、光照传感器、温度传感器、噪声传感器、无线网关、蓝牙模块、红外控制器、报警器等。

（三）选修课程

1. 传统工艺及其实践

传统工艺是人类长期以来采用特定工具与方法进行手工制作的经验凝练和积淀，体现了技术与艺术的有机结合，融入了丰富的历史与文化元素，是技术实践体系的重要组成部分。本模块旨在帮助学生了解传统工艺的一般知识，经历传统工艺的项目制作与探究的实践体验，领略传统工艺的文化意蕴和技术特征，培养创新精神。本模块由“纸造型工艺”“泥、石造型工艺”“金属造型工艺”“布造型工艺”“木造型工艺”“琉璃、塑料造型工艺”六个单元组成，可根据需要选择上述相关内容进行教学实践。

2. 新技术体验与探究

现代社会正处于一个新技术层出不穷的时代，本模块旨在通过学生对新技术及其应用进行体验与自主探究活动，引导学生保持对新技术的好奇心和亲近感，形成感知、探究和运用新技术的思想和习惯，激发学生创新创造的情感。本模块由“新技术发展概述”“新技术应用体验”“新技术专题探究”三个单元组成，可根据学校实际和学生需要选择相关新技术项目进行体验与探究性实践。

3. 技术集成应用专题

技术集成是技术创新的重要方法之一，也是技术综合应用的表现形式。本模块旨在引导学生通过技术集成与应用的设计实践，了解技术集成的概念、基本过程及实现形式，培养学生技术探究的兴趣和综合运用技术进行创新创造的热情。本模块由“技术集成基本原理”“技术集成的实现形式”“技术集成应用与实践”“技术集成与创新创业”四个单元组成。

4. 现代农业技术专题

现代农业技术是现代技术的重要组成部分，与人们的生活息息相关。通过本模块的学习，学生能了解现代农业的含义与主要特征，能设计和开展相关农业技术实践活动，丰富劳动体验，提高科学生产技能，增强热爱农业、热爱农村、热爱农民的情感。本模块由“绿色食品”“品种资源的保护和引种”“无土栽培”“动物营养与饲料”“病虫害预测及综合治理”“农产品营销”六个单元组成。

5. 选修课程在实践、活动环节涉及的内容

（1）配置金属类加工所需的车、铣、饱、钻等微型机床及锤、剪、锉、钻、锯等通用金工工具；配置木制材料加工所需的刨、锯、凿、锉、磨等手工和电动木工工具；配置布类加工所需的剪刀、尺子、画笔、电动缝纫机、线、绳等工具、设备和材料；配置泥、石类加工所需的雕刻刀、制陶机等相关设备工具；配置纸质类加工所需的笔、尺、剪刀、美工刀、颜料、胶水、彩纸等工具材料。

（2）现代农业技术配置现代农业相关设备、工具及种植区域、农业大棚实验区和室外种植园等。

第二部分

通用技术教学实施

第四章　通用技术教学应遵循的基本原则

通用技术课程有效实施的重要途径是教学活动，教学活动是按照一定的教育教学目的进行的，教学活动越是符合教学原则，教学效果就会越明显。教学原则反映了人们对教学活动本质特点和内在规律的认识，是指导教学工作有效进行的行为准则。它既指教师的教，也指学生的学，贯穿于教学过程的始终。教学原则在教学活动中的正确和灵活运用，对提高教学质量和教学效率具有重要作用。通用技术教学以实践项目为载体，强化学生手脑并用、知行合一。通用技术教学应以通用技术新课程标准为指导，在教学过程中把握好实践性、创新性、安全性、适切性、渐进性、合作性、激励性、情境化、因材施教、理论联系实际等教学原则。从普通高中学生的心理、生理和认知水平特点出发，结合课程的性质、特点、任务展开教学。

一、实践性原则

通用技术课程以设计学习、操作学习为主要特征，立足实践、注重创造，立足于学生的直接经验和亲身经历，立足于“做中学”和“学中做”，强调学生的亲手操作、亲历情境、亲身体验。学生通过观察、调查、设计、制作、技术试验等活动获得丰富的“操作”体验，进而获得情感、态度、价值观以及技术能力的发展。通用技术学习强调心智技能与动作技能的结合，强调手脑并用，强调理论与实践的统一。因此，我们在平时的教学中要多为学生创造条件，让学生有更多动手实践的机会。实践性是通用技术教学的特点，但也应避免机械的、单一的技能训练。应注重强调学习中学生技能的形成、思想方法的掌握和科技文化的领悟三者之间的有机统一，注重在拓展学生技术能力的同时，促进学生共通能力的发展。教师除了自己开发便于操作、贴近生活、有实用价值的教学资源外，更要用好课本上的资源，如技术试验及其方法、设计的一般过程、稳固结构的探析等内容。学生获取知识的过程往往是实践活动的过程，在课堂教学中让学生进行适当的动手操作，不仅可以加深他们对知识的理解，还可以在一定程度上激发他们的课堂学习兴趣，点燃其学习通用技术的热情。

二、创新性原则

创新性原则强调以学生为主体，注意调动学生的学习主动性，引导他们独立思考、积极探索、生动活泼地学习，自觉地掌握科技知识和提高分析问题与解决问题的能力。通过教学来培养学生的创造性，开发学生的创新潜能，把教学过程看作是对技术的“模拟”，把教学和创新、设计、制作、试验结合起来，让它们相互促进、共同提高。创新性原则要注意对学生创新意识、创新思维和创新技能的培养。要注意在教学观念、教学内容、教学方法和教学评价上创新。教学观念创新，就是要以创新教育思想为指导，改革传统的教学观念，树立科学民主先进的教学观念，确立以学生为中心的教学主体观、以能力发展为中心的教学质量观、以活动教学为中心的学生发展观；教学内容创新，就是教师在使用教材时要对教学内容进行改造，因为教学内容主要体现在教材中，而教材建设又总带有一定的滞后性和局限性；教学方法创新，就是既要改革和发展传统的教学方法，又要总结和概括创新教学的经验，同时借鉴国内外先进的教学方法；教学评价创新，就是要打破一把尺子衡量、评价所有学生的单一评价模式，主要包括教学评价改革创新、教学评价观念创新和教学评价方法创新等。

三、安全性原则

通用技术教学不同于其他教学活动，它要求学生实际动手操作完成的活动非常多，学习过程中要经常用到各种工具、器具、设备和材料，把自己的设计物化成实物作品。因此，通用技术教学过程中的安全性原则是必须要保证的。教学中要严格遵守各种工具、器具、设备和材料的安全使用规范及注意事项，防止操作不当给学生的身体造成伤害，导致课堂教学无法正常进行。安全性原则主要体现在两个方面：一是对实践教学方案的选择要进行缜密思考，涉及工具、器具、设备和材料使用的内容，教师一定要提前做好预案；二是实践活动本身及活动所需的工具、器具、设备和材料等的选择要具有安全性，在使用之前教师要经过严格检查，避免工具、器具、设备和材料等在使用过程中出现危险。

四、适切性原则

教学的适切性原则要求选择的内容要符合学生的年龄特征，强调课程内容要与学生的生活体验发生联系，使学生产生有意义的学习和自发的经验学习。在通用技术教学中，应选择贴近学生生活、符合学生认知和高中生身心特点的学习内容，努力提高学生学习的积极性和兴趣。因高中生平时学习压力较大，参与社会生活、社会实践的机会较少，所以他们的实际动手能力并不是很强，因此通用技术课本身就是为增强学生的技术意识、工程思维、创新设计、图样表达、物化能力而开设的。在通用技术教学活动中，适切性原则是非常重要的，任何一个实践教学方案的选择都必须让学生容易实现和操作，让学生都能够参与到技术设计与制作的学习过程中，培养学生探究技术理论、探索技术奥秘和应用技术手段的信心。坚持教学中的适切性原则，对于提高课程教学效率、达成教学目标、活跃课堂气氛、掌握课堂教学节奏都有积极的促进作用。

五、渐进性原则

通用技术是新课程改革的新兴学科，学科成立时间比较短，教师对通用技术教学的经验和能力应在教学实践中逐渐积累和提升。另外，通用技术教师队伍中的绝大多数都是兼职的，他们对通用技术课程理念、教学特点都需要不断深入了解。长春地区从 2008 年秋季开课至今，先是经历了多媒体辅助教学、任务驱动式教学、项目式教学，到 2017 年，随着新一轮高中新课程标准的颁布和实施及新教材的应用，以大单元、大概念、大项目、大综合为特征的教学方式不断出现，课堂教学中情境、任务、案例的应用逐渐多了起来，教师的课堂教学也变得更加丰富。同样，学生的学习能力也需要在循序渐进的过程中逐步提升，在选择学习项日时应从身边的易于采用的材料、易于使用的工具入手，由浅入深，慢慢掌握。兴趣一点点培养，信心一点点建立，从而使学生热爱设计喜欢技术，在动手制作的同时打开思路，实现迁移学习。

六、合作性原则

通用技术项目教学一般都是通过小组合作的方式来实现的，根据设计制作的项目，按组内异质、组间同质的原则，根据性别比例、兴趣倾向、学习水准、交往能力、守纪情况等合理搭配，分成学习小组，每组 4—6 人，根据每个人的特长进行组内分工。教师精心设计合作项目，将教学目标具体化为不同的情境，易于学生设计制作，使学生小组讨论具有明确的目的性。合作效率影响合作效果，因此，课前应充分准备、收集相应材料、思考设计思路、谋划设计方案。小组合作学习除了重视过程的学习，总结学习结果同样重要。小组合作学习任务完成以后，教师应指导学生及时进行分析和总结。小组合作学习能够培养学生合作精神、合作意识与合作能力。尤其现在的学生大多数是独生子女，缺少形成这种意识的氛围，而合作学习无疑是这种能力培养的最佳途径。

七、激励性原则

激励性原则是指通过一定的手段使学生的需要和愿望得到满足，以充分激发学生在自身成长过程中的内在动力，使学生各方面的潜能得到最大限度的发挥。评价是教育的方法，激励是教育的目的。激励原则能充分调动学生的学习积极性、主动性和创造性，充分发挥学生的主观能动作用。教师在教学中，一是应注意创造丰富的教学情境、良好的学习氛围，激发学生的学习动机，培养学生的学习兴趣，充分调动学生的学习积极性；二是给学生心理上的支持，采用各种适当的方式，给学生以心理上的安慰和精神上的鼓舞，使学生的思维更加活跃，探索热情更加高涨；三是要及时反馈，激励肯定，让学生充分享受成功的喜悦，同时要帮助学生对学习过程和结果进行评价，形成自我实践和反思的能力；四是注意培养学生的自律能力，注意教育学生遵守纪律，与他人友好相处，培养合作精神，在此基础上形成同学之间相互学习的局面。每个学生都渴望进步，渴望知识，教师对学生的评价要做到正确、适时、恰当，哪怕是微小的进步也要及时给予表扬和鼓励。学生得到激励，体验到成功的喜悦，学习的自觉性、积极性和主动性才能充分得以发挥。

八、情境化原则

教学中的情境化是培养学生技术素养的有效途径，情境化教学可以促使学生产生更多的直观印象，学生和教师在所安排的情境中能够产生更多的情感和思想上的共鸣。通用技术课程最显著的特点就是与日常生活之间存在着紧密联系。照本宣科的教学方式很难激发学生的学习兴趣，为了提高课堂教学效率，应结合学生的生活实际展开教学，拉近通用技术与生活的距离。结合生活实际在高中通用技术课堂中践行情境教学法，可以有效激发高中生对通用技术的学习兴趣。情境创设中应注意激发学生的内在学习动力，调动学生学习的热情，激励学生长久深入地开展学习，促进他们对已体验到的知识进行有意义的构建。教师提供的情境一定要精心选择和设计，由近及远、由浅入深、由表及里。情境要适合学生，容易被学生理解和接受。情境的创设要着眼于学生身心和谐发展，教学中的情境实际上是人为优化了的环境，是促使学生能动地活动于其中的环境。情境性教学是站在活动和环境和谐统一的高度上审视情境、创设情境，促使学生在现实环境和主体活动中生动活泼地主动地获得发展。

九、因材施教原则

教师在教学活动中应当照顾学生的个性差异，尤其是对通用技术的学习，每个学生的兴趣爱好、热爱程度都不一样。要处理好集体教学与个别辅导、统一要求与尊重学生个性差异的有机统一。由于遗传因素、家庭环境和个人成长经历的不同，在同一班级中的学生，虽然有着共同的年龄特征，但他们对作品设计、工具设备使用、材料选择等的兴趣和爱好、禀赋和潜能等方面都会存在很大的差异。因此，因材施教要适应每个学生的不同需要，尽可能地进行有针对性的教育。对有创造天赋和创新才能的学生，教师应积极搭建更广阔的平台让他们脱颖而出，为未来的人生奠定基础，将来为社会发展做出更大贡献。我国的学校教育普遍存在班级大、学生人数多的现象，因材施教原则的贯彻是比较困难的。但是，教师应当在可能的条件下争取将这一原则最大限度地付诸实践，对在通用技术学习方面有兴趣特长的同学可加大教学力度，给予积极的引领和指导。

十、理论联系实际原则

通用技术教学活动要把理论知识与社会生活实际结合起来，让教学内容生活化、情境化。这一原则是为了解决和防止理论脱离实际、书本脱离现实。通用技术学科本身就是实践性很强的科目，需要在设计中启发学生的创新思维，在制作中培养学生的动手物化能力，因此，通用技术的学习仅仅是把书本上的理论知识学通、学透，能顺利应付学业水平合格性考试是不够的。绝大多数学校在常规课堂上一般都是通过多媒体辅助教学的方式，讲解通用技术必修教材中的内容，这种状况很容易导致学生所获得的理论知识与其来源和去向脱节，既不了解概念和原理是如何产生的，又不能够运用它们去阐释和解决实际问题。因此，在通用技术教学中教师必须提供和创造机会，通过多种多样的途径和形式使学生从事实践活动，引导他们体会思想观点、态度信念等的形成对于解决实际问题的价值和意义。

第五章　通用技术必修模块教学实施路径

长春地区通用技术课程在2008年秋季正式开设，至今已有十四年，在这十四年的发展过程中，我们不断研究、探索。学科建设从无到有，教师队伍从兼职到专职；从研读课程大纲、教材整合、项目教学到现在的设计创新、创客教育、STEAM教育，我们的教学从质朴不断走向成熟。教学方式、方法上更加灵活多样，教师对课程的把握也更加深入娴熟。但在发展过程中，长春地区通用技术的教育教学也存在着这样或那样的问题。因为高校没有相关专业的毕业生，通用技术教师基本都是其他学科兼职过来的，对于课该怎么上，怎么才能上好，大家心里也没有太大把握。在课堂教学上我们经历了多媒体辅助的常规教学模式、任务驱动教学模式，最后到项目教学模式。这期间我们经历了粤版和苏版两套教材的整合；经历了“理论课”与“实践课”的争论。我们在摸索中前行，在困难中总结，在拼搏中提升。通用技术必修模块教学内容如图 5–1。

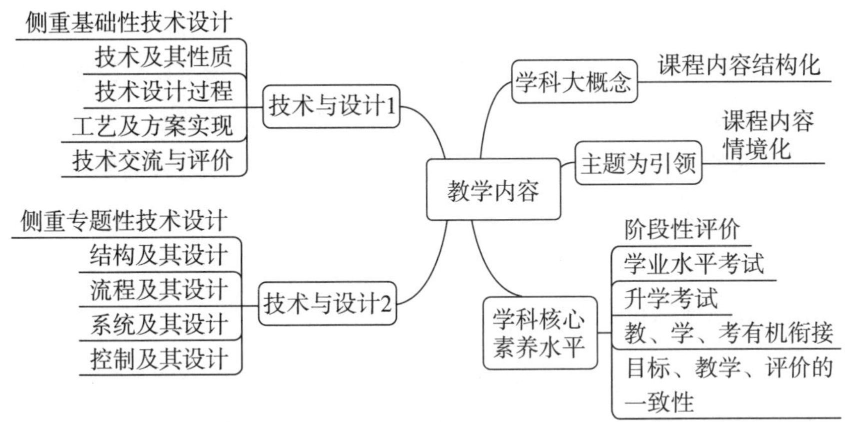

图5–1　通用技术必修模块教学内容

通用技术必修模块教学在实施中应着力做到以下几方面。

一、坚持技术的人文引领

打开新教材，第一个内容就是“技术与人”，它开门见山地呈现了通用技术必修教材以人文为引领的设计思想。技术是人类为了一定目的而创造的各种调节、改造和控制自然的活动，也是人类实现从认识到实践第二次飞跃的重要过程。马克思关于技术是人与自然中介的思想为我们提供了一条认识技术本质的基本线索。技术因人的需求而产生和发展，同时技术的发展又影响和改变了人的观念，导致了新技术的产生。人类社会发展和进步过程中的无数事例充分地体现了技术的人文引领。

在教学设计与实施过程中，要冲破从认识工具使用和技能训练出发的传统技术教学的束缚，以人文引领学生进入技术世界、认识技术与人、技术与自然以及技术与社会的关系，让学生立足于更高的平台，有一个更宽广的视野，形成以人为本、技术与自然和谐共处、技术与社会互动发展的新技术观。

要积极地创设激发学生对技术需求的情境，形成学生主动参与技术活动的持久内驱力，通过技术实践活动，培养他们的创新精神，体验技术可以解放、保护和发展人的真谛，并使不同的学生都能从技术活动中实现自我价值。

要充分运用教材中体现人文精神、人文关怀的技术设计案例、练习和综合实践活动，注意在人文引领下实现学生发展核心素养与学科核心素养的有机统一，使学生认识到学习技术可以促进人的发展，学好技术可以更好地为人服务，正确地使用技术可以使世界更美好。

二、充分利用教材中提供的学习资源和对话平台

为使必修教材更好地适应课堂教学实际，教材内容应按照学生的认知规律和“最近发展区”教育理论进行设计。引领学生积极地参与技术学习和设计活动，转变学习方式，让他们自主地建构技术的基本知识和基本方法框架。

在每节课前认真研读学习目标，指引学生把握学习方向，掌握需要达到的最低学习要求。生动而简洁地导入学习主题内容，通过案例分析、讨论、思考或辩论等栏目，创设学习情境，搭建一个师生间、学生间可以互动的平台。引导学生去理解、分析主题内容，并在理解的基础上自主地建构技术知识体系，“同化”学习内容，通过练习中的“做中学”的方式动手实践，实现从“无形”到“有形”的转变，进一步消化和巩固所学内容。在每章的最后，通过综合实践活动，将学到的知识、技能、方法综合化并拓展和延伸，使学生学到的知识、方法、技能“综合化”，实现“顺应”。

同时，教学内容中的实例、设计和项目都应紧贴学生的生活实际，如教材中以每家每户都使用的灯具作为横贯教材前后内容的一个主要教学载体。由于灯具已经为学生所熟悉，所以在教师的引领下，学生可以从现有水平比较容易地完成一个设计任务，达到一个解决设计问题的新水平。

利用教材的丰富性、选择性和开放性，提高教学的适应性。教材中开辟了丰富的阅读、链接栏目，设计的不同教学案例，提供的多种设计项目，编制的可供挑选的练习题和综合实践活动题，设置的“留白”

和开放性问题等，增加了教材内容的丰富性、选择性和开放性，提升了教学的适应性。在教学过程中，教师和学生可根据当地资源的实际情况对教材正文之外的内容进行适当的选择和整合。此外，教师要成为教材的建设者，开发适合教学实际的富有地区特色和地方特点的案例或练习。

技术设计的一般过程是一个探究活动的过程，从某种意义上讲，它是一种研究性学习活动，技术设计过程中经常需要几个人协作完成，这就给学生提供了使用合作学习方式的平台。在教学实施过程中，充分认识通用技术课程中所具有的这些得天独厚的优势，改变单一的“教师示范，学生模仿”的技术教学模式。加强调查研究，了解学生的原有基础，包括知识、技能，也包括对这门课的情感兴趣，研究采用的教学策略、教学方法和使用的教学手段，积极探索技术设计在高中教学中的规律、教和学的方式方法，不断积累成功经验，促进学生主动地学习。

三、培养学生的技术创新精神和动手实践能力

培养学生的创新精神是技术设计教学的重点。设计是技术的核心，技术设计也是培养高中学生创新精神和创造能力的有效教学载体，是通用技术课程的一个闪光点。

教材中的技术设计内容是根据《通用技术课程标准》为高中学生精心编制的一般设计过程与方法。所以，在教学中要紧紧把握一般技术设计过程中的核心、关键方法，积极组织学生全员性和全程性参与，让他们亲历设计方案的构思过程、方案转化为模型的过程、技术试验的过程、交流和评价的过程，并从中体验和领悟技术设计的本质。

改变“重视操作训练，轻视创新设计”的旧的技术教学观念，大力加强学生的设计活动。教师要采取有效的教学方法，诱导启发学生构思，启迪学生的发散性思维，鼓励大胆创新，指点学生从人、物和环境三个方面系统地进行设计分析，不断地促进构思的发展，形成多方案的设计思路，通过比较、权衡和决策，产生技术设计

方案。

教学中特别要重视多方案的形成，它是衡量技术设计教学是否成功的一个重要标志，力求避免全班形成千篇一律的结果。

四、重视技术思想与方法教学

通用技术十分重视一般技术思想和方法教学。一般的技术思想和方法可以迁移到不同的技术类别中去运用,甚至可以迁移到其他领域。技术的思想和方法是通用技术课程的精髓，有利于提高学生的技术素养,它为学生打开技术大门提供了一把钥匙,有益于学生的终身发展。

在技术与设计教学中，一般的技术方法主要有技术设计的一般过程方法、模型的方法和技术试验方法。在必修教材中技术设计的一般过程采用了循序渐进、逐步深入的教学策略，所以在教学中要正确领会教材内容，把握教学要求，合理分配教学时间，避免急于求成或一些没有必要的重复。

五、加强技术试验教学

技术试验在《通用技术课程标准》中占据了重要地位，这是因为它是一种重要的技术方法并具有巨大的教育价值。

技术试验是技术方法论中重要的经验方法。首先，因为它具有普遍性，一切比较复杂的技术不经过技术试验往往不能产生，不能完善，不能在社会生产和生活中实现其价值。历史上发生的“魁北克大桥倒塌”等案例可以证实。其次，通过试验可以对各种设计方案进行比较、分析、权衡和决策。最后，在技术设计、技术改造、技术革新、技术推广等过程中，技术试验不仅是检验其是否成功、能否取得社会承认的重要环节,而且也是暴露问题、深化认识、推动技术发展的环节,许多技术方法都是围绕这个中心环节展开的，它在技术方法中处于中心地位。

技术试验在教材中占有相当重要的地位，为此专门设置了“技术试验及其方法”一节和众多的“试验栏目”。通过学生经历这些试验活动，参与动手实践，培养他们的探究精神，体验解决技术问题的艰辛和感受获得成功的愉悦，养成百折不挠的意志和品质，培养实事求是、精益求精的态度。

在技术试验教学过程中，要激发学生对技术的好奇心，引导学生积极主动地参与到技术试验活动中；要明确试验的目的和要求，了解试验的基本步骤，提醒学生在试验过程中要主动地进行观察；要求学生以实事求是的态度写出简单的技术测试和技术试验报告。

六、开展教学研究

通用技术是一门全新的课程，高校又缺少相关的专业，老师往往都是改行或兼职，所以，加强教学研究就成为当前一项十分重要的任务。学校要像其他必修课程一样，建立通用技术教研组，展开讨论、听课、公开教学、课题研究和教学评比等活动。有条件的地区可成立校际联合教研组，加强沟通，定期开展交流。

七、实施项目教学

结合课程理念，通用技术课程应当避免机械的、单一的技能训练，强调学习中学生技能的形成、思想方法的掌握和文化的领悟三者之间的统一，注重拓展学生技术能力的同时，促进学生共通能力的发展。对比项目教学的特点功效，如果能将项目教学恰当地运用到通用技术课堂，一定能更好地贯彻执行新课程理念，对教学质量的提高和学生能力的培养起到事半功倍的作用。

第六章 通用技术项目教学

基于学科核心素养的通用技术教学应把握学科本质，创设真实学习情境，合理选择和组织教学内容，关注学生技术经验的建构、技术思维的形成和技术文化的感悟的有机统一。加强信息技术条件下教学资源的有效组织和应用，强调目标、教学、评价三者的一致性。项目教学成为实现上述内容的有机载体。

一、通用技术项目教学内涵

项目教学萌芽于欧洲的劳动教育思想，最早的雏形是 18 世纪欧洲的工读教育和 19 世纪美国的合作教育，经过发展到 20 世纪中后期逐渐趋于完善，并成为一种重要的理论思潮。项目教学既是一种课程理念，又是一种教学模式，它融合了多项新的教育思想，其中最具代表性的是建构主义和多元智能理论。建构主义强调学生根据自身的经验背景构建知识体系，它关注的是学生积极地从事“做”的活动，而不是被动地“接受”知识。多元智能强调每个人都是以自己的方式来理解知识和建构自己对事物的认识的，这就意味着学生要学会创造性地解决问题。

通用技术项目教学是以项目活动为导向，以培养学生科学精神和实践创新能力为本，以项目设计制作引导教学过程，以操作性学习调动学生学习的积极性，以小组为学习单位，在实践探索和合作交流中学习。项目教学强调运用情境化的教学方式，注重项目实践过程中的评价。在项目教学中，学习过程成为一个人人参与的创造实践活动，注重的不是最终结果，而是完成项目的过程。学生在项目实践过程中，理解和把握课程要求的知识和技能，体验创新的艰辛与乐趣，培养分析问题和解决问题的思想和方法。以作品设计与制作教学为例，可以通过一定的项目让学生完成作品设计、加工制作、作品质量检验等流程，从中学习和掌握机械原理、材料处理、制造工艺以及各种工具设备的使用与操作。项目教学是师生通过共同实施一个完整的项目设计与制作而进行的教学活动，是当今国际教育界十分盛行的一种教学模式，在通用技术教学中得到广泛应用（如图 6–1）。

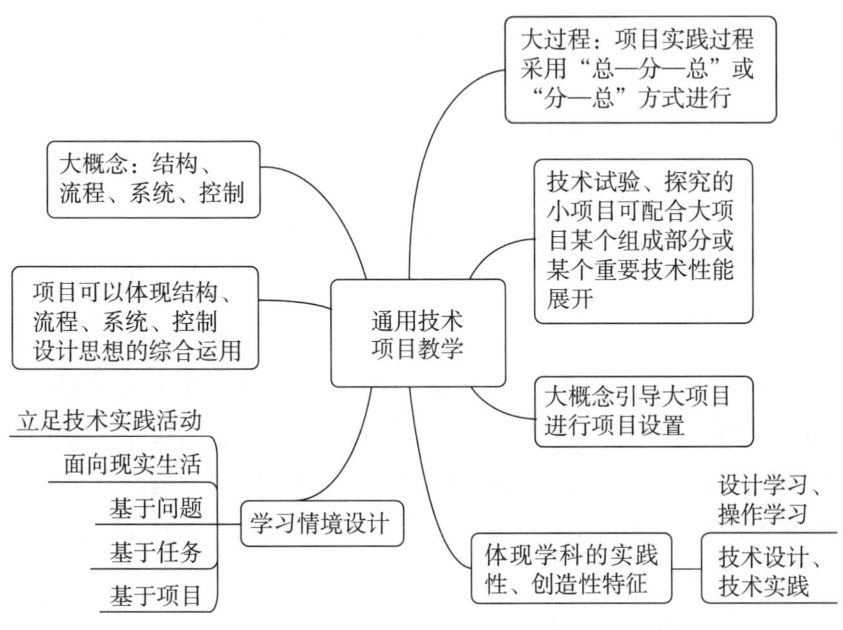

图6–1　通用技术项目教学

2004 年 9 月，《普通高中技术课程标准（试验）》顺利出台，山东、广东、宁夏、海南率先进行了高中课改试验，2008 年秋季，通用技术在吉林省正式开课，长春市教育局在莲花山建立了全国规模最大的通用技术教育基地——长春市实践教育学校（基地校），2010 年基地校迎来了首批学生。2013年，由于校址搬迁等原因，基地校又以“教育大篷车”的形式，校长带领全体教师载着方便操作的工具和材料到各校送课。在这个过程中，基地校一直采用“项目教学”方式开展通用技术必修模块教学。采取以研促教、以研促学的方式，开展项目教学实践的同时，进行课题研究，及时总结经验、发现不足，以理论指导实践，在实践中不断完善。通过对课题“高中通用技术项目教学实施的策略研究”，指导、优化通用技术课堂教学，对于学生技术素养的提高有着重要的现实指导意义。

项目教学糅合了实物教学法、多媒体教学法、情境教学法、任务驱动教学法、案例教学法与探究教学法等的特点，旨在把学生融入有意义的任务完成过程中，让学生积极地学习、自主地进行知识建构，以学生生成的现实的知识和培养起来的能力为最高成就目标。

二、通用技术教学项目选择

根据通用技术课程标准要求，结合各校的实际，整合开发课程资源，长春地区以项目教学的形式对粤版、苏版教材进行整合，二次开发适合学生的教学内容。如必修一、必修二两模块分别从一般项目、综合项目、挑战项目三个层次进行开发，共开发设计了三个层次的项目内容，分别以教学设计、项目设计报告书等形式出现。项目能够合理承载课标要求的通用技术学科核心素养的相关知识和技能，能够将教学内容的理论与实践结合在一起,能够有效地激发学生的学习兴趣。项目的设置符合循序渐进的原则，每个项目的最后都有明确而具体的成果展示和评价标准，师生共同总结、交流评价。

（一）教学项目的选题原则

1. 项目选择要紧扣课程标准。

2. 项目选择要紧贴学生生活实际并能学以致用。

3. 项目选择要能激发学生的学习兴趣和探究欲望。

（二）教学项目要强化技术文化教学的有机渗透

通用技术课程强调“加强人文素养的教育”和“努力反应先进技

术和先进文化”，强调要使学生“领略到技术发展的内在动力和文化意义”。技术文化是多元的、无形的。它不是存在于通用技术之外的内容、形式或特征，而是渗透、融合在通用技术及产品之中的。所以教师要注意将技术所蕴含的人文因素，自然地融入技术产品之中，要引导学生学会选择先进的技术文化，切实提高学生的文化品位和人文素养。

（三）教学项目要体现技术设计思想方法的迁移

结构、流程、系统、控制是技术中常用的概念，其中蕴含着丰富的思想方法，同时也体现着先进的技术和文化，对提高学生理解技术概念、技术原理、运用技术知识分析、解决问题的能力以及对于学生生活、学习和人生规划都具有广泛的迁移价值。所以，教师要注重技术设计思想方法的教学，把设计思想迁移到学生日常生活中各类问题的解决上，拓展思维和想象空间，提升逻辑思维品质。

（四）教学项目要激发学生自主探究的欲望

技术设计是技术发展的关键，是手脑结合、培养学生创新精神和实践能力的良好载体，对学生理解技术、使用技术、应用技术解决实际问题等方面的技术素养的提高具有重要作用。所以，教师要认识到设计过程是学生手脑互动的过程，过程评价可以促进这种互动的发展。鼓励学生注重对技术的探究，有利于形成规范的操作技能，实现情感价值观的体验。

（五）技术制作项目要规范选择

有些教师认为技术制作学习就是搞点“小发明”“小创造”，就是“修电灯”“修马桶”，这是目标上的误区，教师一定是把目光盯在了部分学生身上，而忽视了全员参与，忽视了合作精神和道德品质的培养，忽视了技术思想方法的贯彻实施。技术制作包括工具设备使用和作品制作两部分内容，制作作品时学生兴趣浓厚、热情高涨，但在实际教学中作品并不理想，出现设计简单、工艺粗糙、实用性不强等问题，不能完全体现设计的思想和方法，造成材料的浪费。如何选择和制定学生作品制作项目，教师如何指导，才能使作品更实用、工艺更精细，这些都需要教师在实践中不断探索和总结。

三、通用技术项目教学注意事项

培养学生创新精神和实践能力、提高学科核心素养、促进学生全面而富有个性的发展，是通用技术课程的目标要求，项目教学对通用技术领域的人才培养起到了至关重要的作用，在进行项目教学时我们要注意把握好以下几方面。

（一）通用技术项目教学要有创新性

第一，通用技术教师要具有创新性意识，只有教师善于发现，善于引导，创造性地开展工作，才能培养出充满创新才能的学生。第二，教师课堂指导要具有创新性,作为通用技术教师要鼓励学生开动脑筋，大胆想象，自己动手，培养学生探索、创新精神。让学生亲历创新过程，学会创新思维的方法。第三，教师激发学生学习兴趣要具有创新性。实践证明，学生如果对所学的内容有浓厚的兴趣，便会由“要我学”变成“我要学”，进而使注意力变得集中和持久，观察力变得敏锐和独特，想象力变得丰富和新颖，创新思维就会更加活跃，从而保持昂扬的学习劲头。第四，教师要注重培养学生在实践活动中的创新意识，在教学中一定要突出通用技术课的特色，教师强调学生的亲身经历，要求学生积极参与到各项活动中去，在观察想象、实验探究、设计制作、反思体验等一系列活动中发现和解决问题，体验和感受生活。第五，教师评价的目的和标准要具有创新性，通过评价机制努力实现学生发展核心素养和学科核心素养的统一，使通用技术课程避免成为单纯的技能训练课程。

（二）项目教学要准确把握理论学习与实践操作的比例

由于课时及教学环境的限制，从全国各地反映出的情况来看，目前最大的问题是重理论、轻实践操作。教师上课模式基本是先讲一段理论，再举几个案例，学生合作讨论，老师提问，学生回答。如此反复循环，使学生从感觉新鲜到枯燥乏味。长春市实践教育学校在教学实施过程中经过多次研究试验，结合学校自身设施设备齐全的优势，在重视理论的同时更侧重学生动手实践。以项目教学的形式从“实物教学”出发，以“方案设计”“技术试验”“模型与原型制作”“作品展示与交流”为主，为学生发展创新思维和实践能力提供广阔舞台。让学生在实践中了解技术的性质、一般原则，体验设计的过程，驱动学生学习技术语言，从而提高学生的实践创新能力。

（三）加强工具、设备使用训练，提高教师的实践操作能力

长春市实践教育学校有通用技术项目教学所需的设备设施、教具、学具上百类上千种，设备设施相对齐全，但并不是所有设备设施教师都会操作和使用，为保证教学，需要对每位教师进行相应的培训。其方式是对于各类常用工具，教师自己从使用说明书中了解用途、使用方法和操作要领，不懂的地方教师间研究讨论，如果都不会的话就集中起来，最后请相关专家指导；实验室设备的使用先由厂家技术员对个别教师培训，然后让这些教师对所有通用技术教师进行培训指导；大型机床的使用要与厂家联系，请专人培训；通过各种竞赛活动加强每位教师的技能训练，提高教师自身的实践操作能力。

在教学中，我们吸取各地“实践操作少，以理论讲授为主”的教训，明确理论教学与实践教学的关系，准确定位双方所占的比例，每一期安排 3—5 个模型或原型的实践操作项目穿插到理论教学中，如必修模块“技术与设计 1”，可以从纸质梁设计制作、小板凳设计制作、小笔筒设计制作、台灯设计制作，简易书架设计制作等项目中，根据需要进行抉择。通过学生的多次实践操作，提高其实践能力。

四、通用技术教学常用方法

通用技术是一门立足实践、注重创造的技术领域的新课程，实物教学法、多媒体教学法、任务驱动教学法、情境教学法、案例教学法和探究教学法等在课堂教学中都经常会用到，几种教学方法都有它们的优势，与项目教学相互融合，运用得当，可以提高通用技术课堂教学效率，实现教学效益最优化。

（一）实物教学法

实物教学法是指教师采用有关实物、教具等将教学内容生动形象地展示出来，学生通过观察、思考获得知识的一种教学方法。

在课堂上直接用具体的实物来教学是调动学生学习积极性较为有效的办法。在课堂上展示与本节课有关的实物可以让学生增加感性认识，能够在大脑中变抽象知识为具体内容，同时让学生感受到学好技术知识可以帮助我们解决生活中存在的技术问题或技术现象，从而激发学生的学习兴趣、提高学生学习的积极性。

学生生活中接触到的实际物体跟我们学习的通用技术是息息相关的，这些物体也很容易找到，这为我们在通用技术课堂尽可能使用实物来进行教学提供了“物质”基础。通用技术教学要通过实际的物体让学生去获得直接经验和亲身经历，只有这样才可以在课堂实现“做中学”和“学中做”，达到课程所要求的以学生的亲手操作、亲历情境、亲身体验为基础，更有效地培养学生的创新精神和实践能力，提高学生的技术素养。

课堂应用的实物可以是老师准备，可以让学生提前准备，也可以根据课程标准和教材内容的需要学校统一进行配备。在通用技术课堂教学中，我们可以利用实物举例来进行师生互动、生生互动，学生通过对实物的观察、触摸、感受和思考，来加深对所学知识的理解和感悟。

各种创新设计经过物化后形成的实物作品，如“风雨天自动关窗器”“智能定时喂鱼器”，在讲解设计原理时教师就会以实物演示的形式给学生进行解析，把涉及结构、流程、系统、控制等相应的知识给学生逐一进行阐释；再比如讲解结构的稳定性时，教师会用空的、盛满水的和盛一半水的矿泉水瓶给学生进行重心高低影响稳定性的演示；还有的教师会让学生现场用煮熟的鸡蛋旋转，进行物体动态稳定性的演示；又如对各种桥模、孔明锁、陶艺作品、简易机械装置、投石机、灯笼等也会一一进行讲解和演示。

在进行实物教学前教师或学生要对实物材料做充分的准备和检查，以保证演示操作能顺利进行。实物教学要突出重点，使学生抓住对象的主要部分，掌握知识的本质，使学生有针对性地进行学习。实物教学直观性强，能使学生获得丰富的感性材料，把课本上的知识与具体事物联系起来，使抽象知识具体化，有利于激发学生的学习兴趣，活化学生对技术知识的认识过程，促进学生工程思维的发展。

（二）多媒体教学法

随着信息技术的不断发展，多媒体技术在课堂教学中的应用越来越广泛。它可以将一些普通条件下无法实现或无法观察到的过程和现象生动而形象地显示出来，大大增强了学生对抽象事物和过程的理解与感受，使学生的课堂学习向多方式、多途径发展。

通用技术课程标准提倡学校创设条件，利用计算机辅助设计和仿真试验等现代技术在构思方案、绘图、模拟试验等方面的应用，培养学生使用现代工具解决技术问题的意识和基本能力。利用网络技术进行技术合作与交互式学习，以改善学习方式，提高学习的有效性。

多媒体技术可以补充和拓展教材的教学内容，增加知识容量，让学生通过视觉和听觉刺激来更好地掌握知识。多媒体技术可以让学生更有效地了解先进的技术，例如回放“神舟十二号载人飞船发射成功”的实况以及相关“中国空间站”建设情况，让学生感受科技进步给我国航天事业带来的飞速变化。多媒体技术可以形象地模拟书本和实物呈现不了的内容，例如结构的受力分析、汽车的碰撞试验、抽水马桶的控制过程、污水处理厂的污水处理流程等等。

多媒体运用在教学中，要注意营造教学氛围，引导学生积极参与教学活动。教师可制作多媒体课件或从网上下载一些与授课内容相关的图片、视频资料，丰富和拓展教学内容，激发学生学习通用技术课程的兴趣和欲望，培养学生热爱技术的情感，提高教学的质量。例如，在“典型结构的欣赏”教学中，可以通过观看视频让学生列举生活中的实例，感悟技术的价值和魅力。教师也可根据自身熟知的技术领域和个性特色开展内容丰富的教学。

多媒体技术以其高效率、大容量、良好的视听效果、快捷开放的信息资源和互动的教学功能等特点，为培养探究型、创造型人才提供了优良环境，在通用技术教学中起到不可或缺的作用。

（三）任务驱动教学法

任务驱动教学法是通过“任务”的形式进行教学，就是教师或学生根据教学要求提出“任务”，以完成一个个具体“任务”为线索，将多种知识和技能融入教学任务中，在教师的指导下，将一个相对独立的任务交由学生自己处理，学生经历信息收集、方案设计、任务实施到最终评价一系列步骤，体验并完成任务。

任务驱动教学法与通用技术课程目标具有许多共性，通用技术课程立足实践、注重创造，教学中需要学生主动参与，它的学习过程是学生主动建构知识体系、不断拓展能力、形成良好学科核心素养的过程，也是一个充满探究、富有生机、方式多元的活动过程。学生在完成任务过程中，主动性受到激励，创造性得到释放，思维的活跃性大为提高，学生在其中体会到学习的快乐，对通用技术课程的兴趣将会极大提升。

任务驱动教学法是基于建构主义理论和行动研究理论，结合通用技术的教学内容和技术知识认知规律，以“创设任务—分析任务—完成任务—任务评价”为主要结构的任务驱动教学模式。

创设任务是学生学习的直接动力，是问题提出的外在表现。教师应根据教学目标，结合学生已有的知识、经验、生活体验、心理发展和学习水平，将课程所规定的知识内容分解，巧妙地隐含在一个个有趣的任务中，从一个实际问题或一个生活现象出发，提出学习任务，使学生通过完成任务而达到既定的培养目标。

分析任务是在学生对完成任务有了一个初步的实施方案之后对任务进行分析的过程，教师要引导其进一步剖析任务，使之明确化、具体化，拟定完成任务的可行性计划或者实施方案。教师还应创设任务情境，提供与任务相关的学习资源、参考方法等，使学生产生积极完成任务的动机和兴趣。

完成任务是提倡学生分组共同完成某项特定任务，通过小组讨论、共同交流，发现解决问题的最佳方法。学习者的思维方式、学习方法和认知水平在完成任务过程中都是非常重要的，通过学生之间的合作交流，将会更好地弥补其知识结构的缺陷，完善问题解决的技巧与方法，从而高质量完成任务。

任务评价是学习者学习情况回馈的一种有效途径，也是学习者掌握直接学习情况、进一步激发学习动力和完善其知识结构、提高综合能力的重要方法。当任务完成后，首先让学生进行自评和互评，教师正确引导，修改完善。其次，可举行成果展示会，教师带领全班同学对学生任务完成情况进行评价和适当的点评。学生通过再次分析任务，利用有效的学习情境，从而形成自己的思维方法，建立新的知识结构。

采用任务驱动教学法给学生下达一个具体的学习任务，学生在思想上就有了一种必须完成任务的紧迫感，在教师讲解过程中学生不再被动接受。在通用技术日常教学中合理运用任务驱动教学法，可大大减少学生对枯燥学习的审美疲劳，使通用技术课程的特色得到充分体现。

（四）情境教学法

情境教学法是指在教学过程中，教师根据教学内容和学生特点，有目的地引入或创设具有一定情感色彩的、与内容相适应的、形象生动的具体场景，让学生置身于特定的教学情境之中，以引起学生的情感体验，激活其思维，使其积极参与教学活动，提高教学实效。情境教学法的核心在于激发学生的情感。

创设教学情境是指教师有意识地利用环境、情感、艺术等因素来调动学生无意识的心理活动，以协调有意识的心理活动，最大限度地挖掘学生的生理和心理潜能，激发学习兴趣，使学生积极地投入到学习中，从而获得最佳的教学效果。

通用技术教学中情境创设按照呈现方式不同，一般分为应用实物或多媒体营造教学情境、应用游戏创设教学情境、应用案例创设教学情境、应用问题创设教学情境等类型。

教学情境是课堂教学的基本要素，创设教学情境是教师的一项常规教学工作，也是教学改革的重要追求。

有价值的教学情境要基于生活，强调情境创设的生活性，其实质是要解决生活世界与科学世界的关系。创设情境，要注重联系学生的现实生活，在学生鲜活的日常生活环境中发现、挖掘学习情境的资源。

有价值的教学情境要注重形象性，强调情境创设的形象性，其实质是要解决形象思维与抽象思维、感性认识与理性认识的关系。为此，在创设情境时，应该是感性的、形象的、具体的，它能有效地刺激和激发学生的想象和联想，促使学生形象思维与抽象思维的互动发展。

有价值的教学情境要体现学科特点，紧扣教学内容，凸出学习重点。教学情境应是能够体现学科知识发现的过程、应用的条件以及学科知识在生活中的意义与价值的一个事物或场景。只有这样的情境才能有效地阐明学科知识在实际生活中的价值，帮助学生准确理解学科知识的内涵，激发他们学习的动力和热情。学科性是教学情境的本质属性。

有价值的教学情境要内含问题，有效地引发学生思考。情境中的问题要具有目的性、适应性和新颖性。问题是根据一定的教学目标而提出来的，目标是设问的方向、依据，也是问题的价值所在；问题的难易程度要适合全班同学的实际水平，以保证使大多数学生在课堂上都处于思考的状态；问题的设计和表述要具有新颖性，以使问题能真正吸引学生。这样的问题才会成为感知思维的对象，从而在学生心里形成一种悬而未决但又必须解决的求知状态，使学生产生问题意识。

有价值的教学情境要融入情感，教师的激情是创设教学情境的重要条件，教学中教师饱满的激情会使学生受到感染，对学生产生积极的影响。教师激情澎湃的情感会激发学生的学习兴趣，让学生感受技术给生活带来的美好，从而使学生自觉地随着教师的情感进入一种积极的学习氛围中。

在通用技术教学中创设情境，通过营造轻松愉快的学习氛围，调动学生学习的积极性。通过情境创设能让学生感受到技术发展给经济和社会带来的变化以及日常生活中无处不在的技术，情境为学生提供了鲜明的感知材料。

（五）案例教学法

案例教学法是在通用技术教学中常用的一种教学方法。案例教学法是通过一个具体教育情境的描述，引导学生对这些特殊情境进行讨论的一种教学方法。教师在教学中扮演着设计者和激励者的角色，要鼓励学生积极参与讨论。案例教学法最突出的特征是案例的运用，案例教学法大大缩短了教学与实际生活的差距。

案例是为了一定的教学目的，围绕选定的一个或几个问题，以事实为素材而编写成的对某一实际情境的客观描述。为了给学生主动建构知识体系、拓展能力搭建学习平台，通用技术教材打破传统的学科体系，从教育意义出发，在内容的组织和呈现上大量使用与学生生活联系紧密、具有典型意义的案例。这些案例的使用，不仅可以给学生提供广泛的问题情境和思考空间，让学生主动建构与技术相关的知识体系，理解案例背后的原理、思想和方法，同时还能加强学习内容与生活之间的紧密联系，使学生善学、乐学。另外，它还能培养学生探究技术、运用技术原理解决实际问题的能力，并使学生形成对待技术的积极态度和正确使用技术的意识。

通用技术教学案例在选择应用时，要注意挖掘案例的内涵。教师使用教材案例时，一定要仔细阅读，认真思考编者安排案例的用意、涉及的原理和思想方法、案例与学习目标达成的关系。教师不要只停留在文字表面，而要深入挖掘，指导学生领悟技术的内涵，充分利用好教材这一重要资源，提高学生各方面的能力。

精心选择使用新案例，由于教材中案例的选择有限，教师应根据教学需要对案例进行选择和设计。在选用时要注意新案例一定要真实并具有启发性，能引发学生的思考。案例一定要真实，让学生有身临其境之感，这样学生才能认真地对待和分析案例中的人和事，才有可能搜寻知识、启迪智慧、锻炼能力。为此，教师一定要亲身经历、深入实践，采集真实案例。

案例要生动并具有趣味性，如采用场景描写、情节叙述等，在客观真实的基础上，激发学生兴趣，使案例既有文字的生动描述又有图片视频等的衬托；还可以用实物来演示，为学生创设一种愉悦的学习氛围；教师除了对学生进行提问，还可以组织学生分小组讨论或集体辩论。案例要贴近学生的生活实际，要注重基础，联系实际，针对高中生的生活经历、知识基础和兴趣爱好，选择贴近生活和社会的案例，使学生感受到技术与日常生活、生产密切联系，这样才能开阔学生的视野，提高学生的兴趣，使学生将思考所得运用到自己的生活和学习中去。

案例教学将学生带入事件现场，让学生深入角色地分析案例，引导其自主探究学习，以提高学生分析问题和解决实际问题的能力。针对通用技术的学科特点，巧妙恰当地运用案例进行教学，不仅能培养学生的创新精神和实践能力，还能让教师的教和学生的学变得轻松愉快。

（六）探究教学法

探究教学法是在教师的指导下，以学生为主体，让学生自觉地、主动地探索、掌握解决问题的方法步骤，研究客观事物的属性，发现事物发展的起因和事物内部的联系，从中找出规律，形成概念，建立自己的认知模型和学习方法。探究教学的结构：发现问题—收集资料—处理与解释资料—问题解决。探究教学的主要目的是使学生通过经历探究知识或问题的过程掌握科学的思维方法，以培养学生解决问题的能力。

教学过程中，教师根据教学目标，寻找与教学内容密切相关的、可以激发学生兴趣的材料，创设出情境，向学生提出将要调查研究的领域，学生则发现并提出问题。问题是广泛多样的，教师引导学生集中于一个或两个问题进行重点研究。根据已确认的问题，由学生共同讨论如何解决，然后学生开始进行观察、测量、比较、分类等活动，收集与问题有关的信息资料。在了解资料的基础上，形成一个假说并提出解决问题的方案，由个人或小组讨论研究、实验验证，共同实施方案。学生记录这一过程，将手中的信息资料加工处理，最后对问题形成一个合理的解释，得出结论或规律，或提出新问题，重新设计实验，用不同方法组织资料，解释资料，再一次进入探究过程。

探究教学法有助于学生对必修模块“技术与设计 1”中“设计的一般过程”的学习。从本质上讲，设计是一个问题的求解过程。它从问题出发，并围绕问题展开各项活动。设计必须从调查需求、分析信息、发现问题、明确问题、确定设计项目、明确设计要求开始。在制定设计方案的过程中，要通过各种渠道收集尽可能多的信息进行设计分析，找出设计需要解决的主要问题，并分析解决问题的多种办法，将自己的构思和创意具体化、形象化和视觉化，最后通过分析比较、权衡，选择确定方案。

五、通用技术项目教学实施建议

（一）以学科核心素养为引领，体现学科的实践性和创造性特征

学科核心素养的形成需要丰富的教学资源来支持。教学中应围绕学科核心素养的形成对教学资源进行有效的组织和设计。采用基于“做中学、学中做”的理念设计学习和操作学习，组织技术探究和技术试验等创造性学习活动，倡导开放性学习、探究性学习。从学科的综合性特征出发，采用项目整合方式，通过学科大概念引导大项目、大过程的方式组织学习活动，如“折叠式自动控制阳台晾衣架的设计”项目，可整合结构及其设计、流程及其设计、系统及其设计、控制及其设计等课程内容。

（二）强化基于技术实践的学习情境创设

学习情境设计，应立足技术实践活动，面向现实生活和真实世界，在学生的日常生活中发现、挖掘学习情境资源。学习情境设计包括“基于问题”“基于任务”“基于项目”等。情境中的问题应当包括结构不良的问题，需要学生利用已有知识和经验等补充并使之结构化，如针对下雨天教室里雨伞摆放不方便的问题，让学生通过对情境的复杂性和不确定性进行分析，进一步明确需要解决的问题，并设计方案、制作模型。任务要具有一定的开放性，没有唯一答案，涉及技术、科学、社会、心理、艺术等学科知识。教师可采用“参与式情境模拟”策略来实施教学，如让学生分别扮演设计师、生产厂家、用户等不同角色。情境的设计还应考虑层次性，包括明确、简单、结构良好的学科化情境，整合的学科化情境及复杂的、结构不良的现实情境等。

（三）关注学生技术经验的建构、工程思维的形成和技术文化的感悟

项目教学应基于学生兴趣和已有的技术经验，让学生在技术设计活动中建构技术知识体系、应用技术原理、体悟设计过程，生成构思、

绘图、操作、试验、测量、评价等技术学习经验，注重经验之间的有机联系和交互作用。应注重学生学习思维的丰富性、开放性和深刻性，关注学生学科思维尤其是技术与工程思维的形成与发展。让学生在设计、制作、评价等技术学习过程中，经历多次“实践”与“认识”的循环。教师应把握学习的关联性，从技术与文化、社会的关系展开教学。例如，在台灯的技术设计项目中，不仅要让学生体验台灯设计的一般过程，理解设计的一般原则等知识，而且要形成关于技术的人技关系、技道合一、权衡决策、系统观念、工程建模等技术思想与方法，逐渐形成和发展技术与工程思维，让学生在技术设计活动中理解技术文化。

（四）加强信息技术条件下教学资源的有效组织和应用

信息技术与具体学科整合是教育发展的趋势，通用技术项目教学中应强化信息技术的渗透与应用，促进学科内容和教与学方式的变革。教学中既要提供传统的手工工具和设备（如锯子、车床等），又要提供反映先进技术发展的设备（如三维打印机、数控加工设备等）；既要提供企业开发的教具和学具，又要注重将教师和学生收集或改造的物品作为教学资源；既要关注物质资源，又要关注技术史等文本资源和网络资源；既要重视教师的作用，又要重视技术员、设计师、工程师等人员的作用。同时，教师应引导学生在学习过程中加强与这些资源互动，并及时捕捉、重组和提升可能推动教学过程的生成性资源。例如，既要有手工绘图内容，也要引入计算机辅助设计教学内容；既要有传统模型加工内容，也要引入三维打印等教学内容；既要有借助常规工具和设备的技术试验，也要加入利用计算机辅助设计和仿真试验等手段进行方案构思、绘图、模拟试验以及利用网络技术进行技术合作与交互式技术学习等。

（五）积极发挥课堂学习评价的促进引导作用

课堂学习评价应注意通过多种方式和手段，促进学生学科核心素养水平的发展，增强学生技术学习的兴趣和积极性。因此，教学中教师应把握好评价内容、评价标准和评价实施，使目标、教学、评价三者一致。例如，纸梁的设计，如果作为学生学习“设计的一般过程”中的项目，则评价内容应包括“收集信息的能力”“制定方案的能力”和“制作模型的能力”；如果作为“结构设计”中的项目，则评价内容应注重“结构设计方案”“连接方式”等；如果作为“技术试验”学习过程中的项目，则评价重点应是“试验方案的制定”“技术试验的实施”“试验报告的撰写”等。从评价的内容来说，既要评价纸梁最终作品，也要评价设计和制作的过程；从评价的标准来说，应结合纸梁项目的不同学习目标确定评价指标，评分规则中对每一条评分标准都要有具体的描述；从评价的实施来说，应采用学生自我评价与相互评价相结合的方式进行。

（六）不断探索合适的项目

项目教学以设计和制作项目为载体，立足实践活动过程、注重培养学生的创造能力，在项目中融入知识点，通过学生亲自动手操作、亲身实践的技术探究方式实现教学目标。它打破了传统讲授加讨论的教学模式的限制，但由于课时不足，各地对通用技术重视程度及考核标准不一致，究竟什么样的项目能承载教学中的知识点，适合学生学习，并在有限的学时内完成，已成为课程实施过程中的难点。有的项目过于陈旧，虽能呈现知识点和基本技能，但和目前社会环境、科技环境严重脱节，学生不感兴趣；有的项目过于简单，一看就会，探究拓展空间不大；有的项目过于开放和复杂，不好把控、难以评价，不能全面落实课标要求；有的项目过大，学生在有限的课时内难以完成设计和制作，当下一个课时来临的时候，前面的思路又已经基本忘记。因此，选择一个合适的项目作为教学载体，既能落实课标要求，又能承载课本知识点；既能激发学生学习兴趣，又能拉开学生学习层次，给学有余力的学生预留拓展空间；既要操作安全、易于加工，又要易于控制、易于评价，在有限的课时内完成（如微项目教学）。这些都是通用技术教师在未来教学中要思考和研究的问题。

【通用技术项目教学实例 1】

三棒孔明锁项目设计与制作

长春市实践教育学校

知识内容
1. 了解孔明锁的制作流程。 2. 了解工艺及常用工艺的种类。 3. 学会手锯和锉刀的使用方法。 4. 学会制作孔明锁。
教学背景分析
教学内容： 本课是孔明锁制作的第二部分，主要学习木工工艺，学习手锯和锉刀的使用，完成画线、排料、制作孔明锁。 学生情况： 1. 学生已绘制了孔明锁的图纸，有动手制作的迫切愿望。 2. 学生对手锯使用缺乏经验，所以要加强集体指导和个别辅导，使学生学会正确地使用工具，规范技术操作，加深对所学知识的理解。 3. 学生初次使用工具，要注意强调安全操作问题。 课时安排： 3 课时。 教学方法： 实物演示法、情境教学法、多媒体教学法、任务教学法。 技术准备： 工具：手锯、锉刀、凿子、壁纸刀等。 制作材料：300 mm × 20 mm × 20 mm 木料，每人一块。
教学目标
学科核心素养目标： 1. 技术意识：形成对技术现象及技术问题的感知与体悟，形成对技术的安全和责任意识，能把握技术的基本性质，理解技术与人类文明的有机联系，形成对技术文化的理解与主动适应。 2. 工程思维：能运用系统分析的方法进行要素分析和整体规划，能领悟结构、流程、系统、控制等基本思想和方法并加以运用。 3. 图样表达：能绘制简单的技术图样。 4. 物化能力：学生能知道常见材料的属性和常用工具、基本设备的使用方法，具有较强的动手实践能力。培养学生对技术的正确态度以及良好的技术理念和素养，养成安全使用技术的行为习惯和良好的合作习惯。

续表

教学流程示意图			
画线、排料 ↓ 锯切、凿切、打磨 ↓ 装配、测试 ↓ 评价、评比			
教学过程			
教学环节	教师活动	学生活动	设计意图
课程导入	明确孔明锁的制作流程： 画线、排料→锯切→凿切→打磨→装配→调试。	听讲	强调制作流程的重要性。
知识建构	**第一步：画线、排料。** 1. 将 300 mm×20 mm×20 mm 木料排成 3 块 100 mm×20 mm×20 mm 木料。 2. 分别在三块木料上画出孔明锁的三个部件。 A. 长边的中线：垂直于棱，将一面的中线延伸到四周。 B. 居中取 2 cm，四周画线垂直于棱。 C. 宽边的中线：平行于棱，每个面都要画。 D. 根据结构要求，用“×”标示去除面。 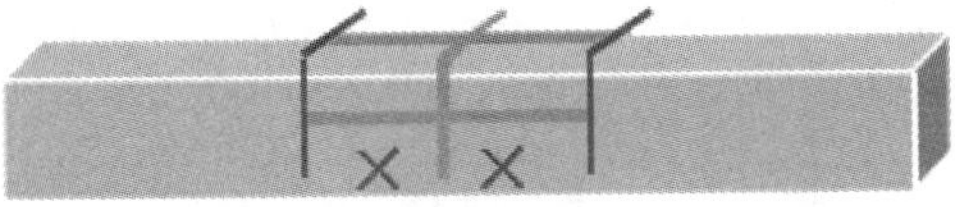	学生排料	通过画线练习，加深学生对下料操作流程的印象，为后续的模型制作打下基础。

续表

<table>
<tr>
<td rowspan="2">工具使用</td>
<td>第二步：锯切、凿切、打磨。
要想制作完成孔明锁，应采用什么样的加工方法和过程呢？
一、工艺：技术活动中的加工程序和方法
二、常用工艺的种类
（一）切削
锯切、铣削、钻削、刨削、磨削、超精加工、抛光、齿轮加工。
提问：选择什么工具去掉画线的部分？
1. 锯：钢锯、垫板。
2. 要求：在线的内侧，贴近线，不能把线锯掉，锯时锯片要垂直。
3. 手锯的使用方法：
①锯条的安装方法。</td>
<td>听讲思考</td>
<td>结合实物了解加工工艺，明确工艺在产品制作过程中的重要性。</td>
</tr>
<tr>
<td>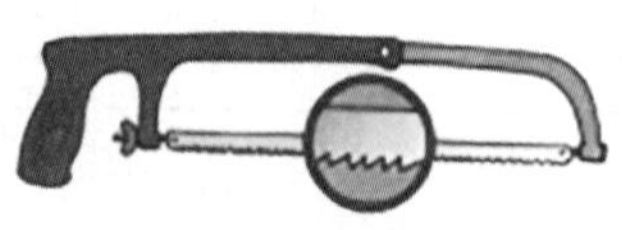
安装错误的锯条
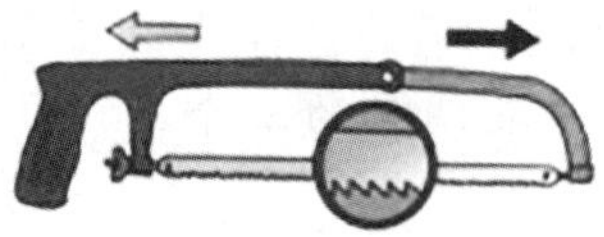
安装正确的锯条
锯齿斜向前方，锯条要装得平整，松紧适宜。靠把手端有一螺丝可旋转和拉紧锯条。</td>
<td>观察记忆</td>
<td>教师结合实物投影演示锯条安装的方法，让学生掌握锯条安装的要领。</td>
</tr>
</table>

续表

工具使用	②起锯方法。 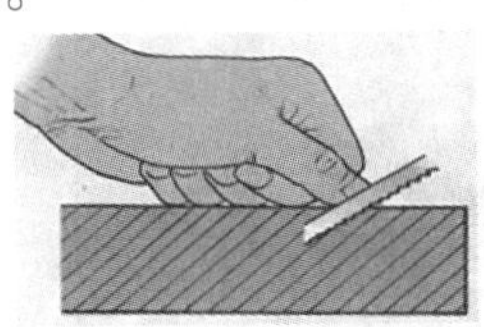 起锯时用左手大拇指贴住锯条，起锯角要小，以不超过 15° 为宜，防止锯齿崩裂。 起锯时压力要小，往返行程要短，速度要慢，这样可使起锯平稳。 ③锯割。 手锯的正确握法 站位和握锯姿势要正确。推锯加压，回拉不加压。锯程要长。推拉要有节奏。 ★教师示范手锯的操作要领。 ★要求学生观察并提问学生用力的方向。 ★示范孔明锁一号棒锯切时的注意事项。	观察思考	教师结合实物投影和孔明锁，演示手锯的使用方法，强调孔明锁锯切时的注意事项。
	（二）凿切 1. 提问：孔明锁的榫接连接方式，榫眼应如何加工，选择什么工具呢？ 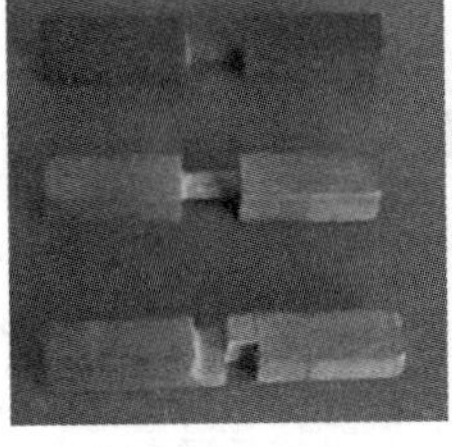	观看回答	凿切过程中反复强调注意事项，增强学生的安全意识。

续表

工具使用	2. 展示凿子，强调凿子安全使用的注意事项。  ①刀口锋利，严谨互相打闹。 ②凿子放置位置一定要靠里，以免掉落伤人。 ③使用时注意安全。 3. 演示凿子开孔明锁榫眼过程。 （三）锉削 1. 要领。 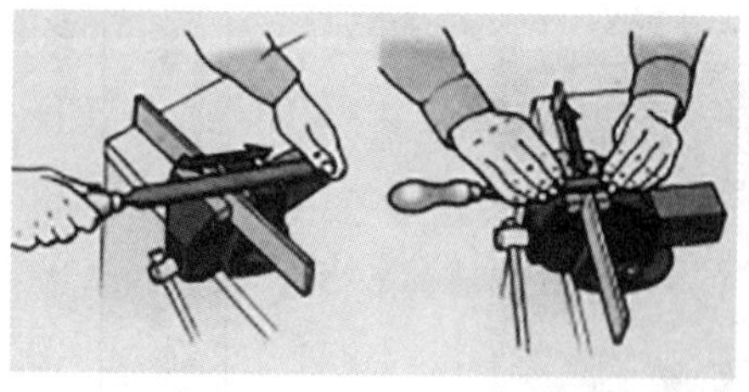 正确　　错误 2. 注意事项： ①去除多余的部分，将部件磨光滑。 ②三个部件配合打磨。	观看思考	强调锉削对装配的影响。教师通过锯割、凿切、锉削演示1号孔明锁的制作，使学生明确工具使用的方法及注意事项。

续表

工具使用	**第三步：装配调试。** 组合测试及修正：用锉刀修改，直至能较紧密组合。		
学生实践	1. 小组做好分工，每2—3人制作一套孔明锁。 2. 注意工具的正确使用，注意安全。 3. 要加强对学生的个别指导。	实践制作	通过孔明锁任务载体练习使用工具，使学生学会手锯的使用方法。
项目评价	三棒孔明锁项目评价（20%）。	师生评价评分	通过评价体系让学生理解技术活动的严谨性和科学性。

小组	视图（5分）	画线、锯切（5分）	作品（5分）	小组协作（5分）	得分
1					
2					
3					
4					
5					
6					
7					
课堂小结					

【通用技术项目教学实例 2】

电驱液压机械装置

长春市实践教育学校高中二年级

一、摘要

“电驱液压机械装置”项目是长春市实践教育学校开展的通用技术课程与创客教育、STEAM 教育相融合的实践与探索，项目注重培养学生的创造力。

二、选题目的

将物理知识和通用技术学科的教学进行融合，以物理知识为原理进行通用技术项目教学，根据实现目的的不同，了解挖掘机、机械手、叉车、吊车、千斤顶、升降台等机器设备的相关知识，培养学生的创造力。

三、设计原理

根据液压传动原理，利用所给的材料（木板、注射器、电源、微电机等）设计制作一个传动装置，按给定的方式、轨迹和要求，进行上下升降运动、回转运动、左右运动、伸缩运动等，最后达到抓取的目的。

四、技术与方法

电驱液压机械装置主要由控制系统、驱动系统、执行系统等部分组成。如图所示。

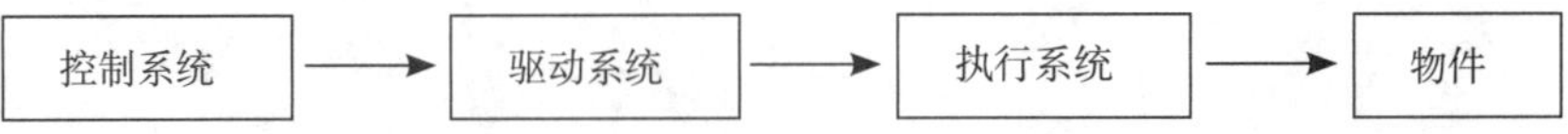

控制系统：电驱液压机械装置的指挥系统，用来控制动作的顺序、位置和时间等。由电源、双向开关（实现电机的顺逆旋转）、微电机组成。

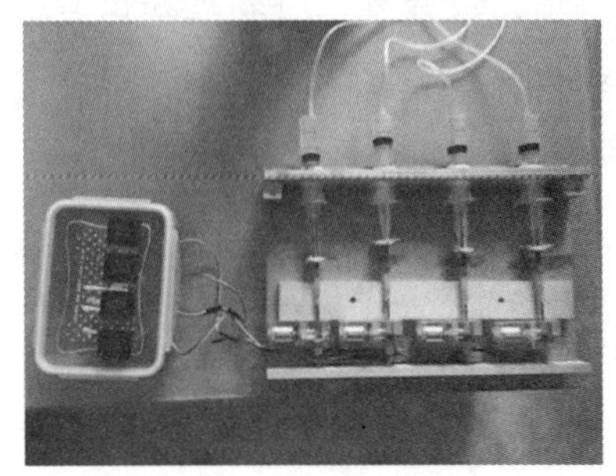

驱动系统：液压驱动是执行机构的动力装置，可以分为机械式、电气式、液压式，其中液压操作力最大，本设计使用液压操作。

执行系统：手部、手腕、手臂、底座。

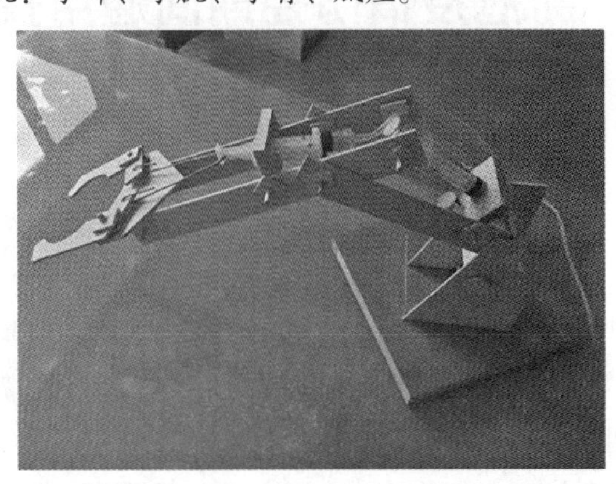

五、性能测试

实现电动驱动、液压传动，使之达到抓取的目的。

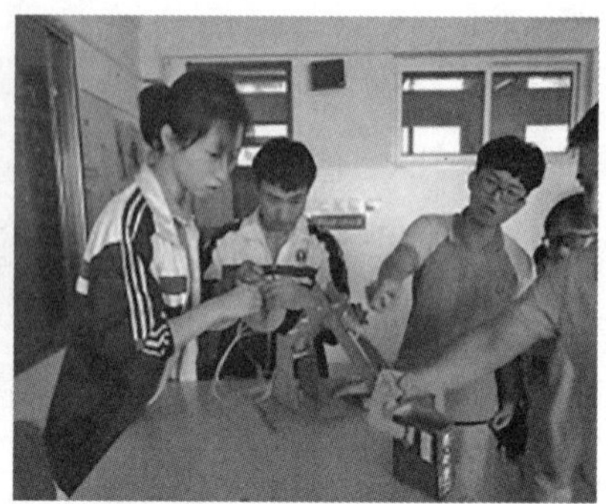

六、结论

在通用技术教学中，教师可以将物理知识与通用技术学科的教学进行融合，以物理知识、工程技术为载体，解决开放性问题，提高学生对技术的理解，提高学生的创新意识和实践能力。

第七章　新冠疫情防控期间通用技术线上教学

2020 年由于新冠疫情的影响，长春市推迟了春季学期开学时间。高中通用技术学科认真落实教育部《关于深入做好中小学“停课不停学”工作的通知》《长春市教育局关于做好 2020 年春季学期延期开学期间中小学校教育教学工作安排》以及《关于延期开学期间长春市中小学教学工作的指导意见》的相关要求，采用线上方式实施教学。

一、新冠疫情防控期间通用技术线上教学的组织与开展

线上教学作为疫情形势下的主要教学形式，给师生间的教学互动带来了巨大变化。线上教学需要教师、学生、家长以及教育管理者齐心协力，努力掌握更多的技能，探索更适用的方法，创造和利用一切有利条件，为教学工作平稳、有序、高效进行保驾护航。作为通用技术教师，在熟练掌握学科知识以外，还必须要熟练运用信息技术手段，包括课件和微课的制作与运用、直播和录播工具以及在线交流方法等，这些都是线上教学顺利开展的必要条件。

（一）疫情期间线上教学的优势

线上教学的主要优势体现在时间、空间以及教学内容的表现方式上。

1. 打破了班级授课制的空间壁垒。通过多群联播等形式，最大限度地利用优质教育资源。线上教学活动不仅增强了学生运用多媒体网络平台的能力，同时也提高了教师自身的工作能力，拓展了教师的知识范围和眼界。

2. 淡化了时间限制。利用恰当的工具，可以实现直播和回放，对于不易掌握的内容学生自己可以反复学习、理解，方便学生重温课程，有利于学生自主安排学习时间，提高自学能力。

3. 通用技术学科重视实践，而实践需要引领。在线学习可以通过直播、视频演示等形式，更直观、更精准地进行教学展示和操作示范，使学生在虚拟环境下近距离、全方位、多角度地反复观摩，为其独立操作提供更有针对性的指导。

4. 促进了家校之间的沟通与交流。家长有更多机会近距离地详细了解各学科的教学动态、学生日常的学习状态及时发现孩子身上存在的问题与不足，提升了家庭教育在学生成长过程中的重要作用。

（二）疫情期间线上教学发现的问题

线上教学开展以来，主要存在以下问题。

1. 师生互动、生生互动问题。直播过程中，学生和老师之间的互动主要通过“举手发言”或“连麦”的形式，将学生的视频、音频数据即时地接入直播间，师生互动、生生互动缺少即时交流的现场感。

2. 教学管理问题。学生自我管理缺失，学习呈现固定化趋势。在线互动中，有的学生积极参与，也有相当一部分学生一直都在当观众，甚至只是显示在线，人并不在，在线学习效果完全取决于学生的自我约束力。

3. 直播平台及设施设备问题。各校对直播平台及使用设备没有统一要求，有的教师对直播平台的应用程序缺乏了解，线上操作不熟悉。由于线路的速率及设施设备的稳定性等问题，会有不同程度的延迟，致使教学不顺畅，师生交流受阻。

4. 教学输出的局限性。教学不仅仅是传授知识，它还包括道德的培养、价值观的树立、语言表达的训练等多方面，而这些都是目前线上教学所欠缺的。部分教师在疫情大环境下开展好线上教学的意识有待加强，应改变在线教学暂时应付、重要内容开学再讲的等待心态。

二、新冠疫情防控期间通用技术线上教学建议

（一）集体备课

集体备课解决的是教学中最直接、最实际、最实用的问题，在互相交流和学习中，取长补短、优势互补、共同成长，同时实现对教学工作的全程优化，是教学过程中不可或缺的环节。通用技术学科的教师人数不多，建议采用视频会议的形式进行线上集体备课。小范围的视频会议，可以通过音频、视频、文字等形式极为顺畅地进行即时交流和文档共享。

（二）课时安排

每周安排 1 课时，结合本学期必修教材《技术与设计 2》的教学内容，以项目教学方式合理安排时间和教学进度。理论学习部分可以考虑将相关内容与项目设计合并讲解。微课不必固定时间，学生根据自身情况自主选择学习时间。

（三）课前学习任务单

在线教学过程中，由于板书的淡化和对学生学习状态监管的困难，很可能出现学生思路不清、抓不住重点等问题。建议提前设计、下发简明的学习任务单（或学案）。查看任务单，学生既可对本课建立清晰的认识，又有明确的目标；对于不擅长主动发现问题的学生，还可以通过任务单给其指引问题的方向，引导其深度思考，带着问题进入最佳的学习状态；教师通过学生反馈的任务单信息，还可以比较准确地把握学生对学习内容的理解程度以及学习知识的难点，从而便于教师调整教学思路，合理分配教学时间，使得教学更加合理有效。

（四）教学实施

本学期教学内容主要对应“技术与设计 2”模块，本模块旨在帮助学生领悟技术原理的丰富内涵和广泛应用，提高运用技术原理分析和解决实际技术问题的能力。本模块由“结构及其设计”“流程及其设计”“系统及其设计”“控制及其设计”四个单元组成。结构、流程、系统、控制是通用技术学科的基础知识，它们蕴含着基本的技术原理和丰富的技术思想与方法。

1. 教学策略提示

（1）引导学生从熟悉的事物出发观察实体、壳体和框架结构的实例，认识不同结构及其应用。

（2）通过在线讨论和设计简易的试验方案，由学生独立在家完成技术试验，分析影响结构的强度和稳定性的因素。

（3）向学生展示视频，介绍具有民族文化特色的建筑，感受经典结构的魅力。

（4）发动学生自制一道菜品，体验工艺流程。

（5）让学生设计制作并组装一个简单的模型或生活用品，经历加工流程和装配流程。

（6）通过视频向学生展示工业生产的过程，理解流程的作用。

（7）展示简单产品的工艺流程图配合其生产的视频资料，感受流程图在工业生产中的作用。

（8）以自行车、计算机等常见生活用品为例，剖析系统的组成与结构，引导学生理解系统及其特性。

（9）以工程中的城市公交系统、室内电气线路系统、大面积农作物种植等为例，引导学生经历系统设计和系统优化的过程。

（10）通过动画展示自动门、感应灯、压力控制装置等的工作原理，让学生观察、分析，从而理解控制、开环控制系统和闭环控制系统的工作过程，理解装置中各个部件的作用。

2. 项目任务提示

在线上教学模式下，本模块可以采用图片、视频、动画等资料，以展示、分析、观摩、讨论为主。动手项目建议选择便于取材且可由学生在家中即可独立完成的项目，如“凉粉的制作过程”“设计制作代用纸巾盒”等，体验结构设计、流程设计、系统设计、控制设计的设计思想的综合运用。

（五）作业布置

用拓展作业帮助学生主动学习，内化所学知识，及时反思，找差距、补不足，让线上教学形成闭环。课程结束后，结合实践教学项目，利用学生居家易于找到的材料进行设计创作，并做好下一次课的预习。

（六）新冠疫情防控期间线上教学与线下教学的衔接

为确保实现课程教学目标，建议在恢复正常教学前，对学生居家线上学习情况进行全面摸底，精准分析学情，对学习质量进行诊断评估，以便根据学情合理调整后续教学计划，及时查缺补漏，确保达成教学目标。

建议依据摸底结果，对延迟开学期间实施线上教学的课程内容，适当增加课时，以研讨、巩固、检测线上教学效果。建议增加课时为实施线上教学课时的 1/3—1/4（难度系数较高的内容，如控制系统分析等，建议按实施线上教学课时的 1/3 增加课时；其他内容，建议按实施线上教学课时的 1/4 增加课时）。对因故没有参加线上学习的学生，建议安排个别辅导。

新冠疫情防控期间东北师大附中通用技术课堂教学图片展示。

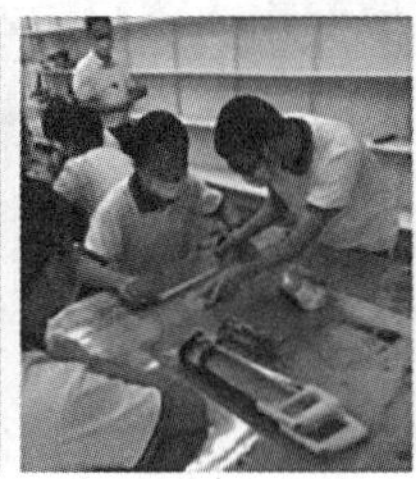

第八章　通用技术必修模块教学实施概况

由于吉林省未实行“新高考”，通用技术只参加学业水平合格性考试，因此，长春地区现在只开设通用技术必修课“技术与设计 1”和“技术与设计 2”。吉林省通用技术目前使用江苏教育出版社和广东科技出版社两版教材，长春地区使用的是广东科技出版社的教材。从长春地区教学实施情况看，长春市实践教育学校（基地校），有一大批通用技术专职教师。2013 年学校整体搬迁，新校建设期间以“送课到校”的形式，按教育局每学期给各校安排的课时计划依次到各校上课，开展全市通用技术教学。根据各校学生数量不同，基地校教师送课时间一般1—2天，基地老师走后由本校通用技术教师继续通用技术课程教学。外县各高中开课状况不佳，仅个别学校在学业水平合格性考试前把学生集中在一起上大课。截至2021年，通用技术学科已举行了13次省学业水平合格性考试。

一、学校常态课与基地校送课相结合

自2008年通用技术课程开设以来，因开课不齐，上课形式也在不断变化。2008—2010这两个学年只有东北师大附中、长春市外国语学校、长春日章学园高中、长春一中、长春市第一三六中学、长春市第一三七中学等少数几个学校开设了通用技术课，每周1课时，市区多数学校及外县未正式开课。2010年秋至2013年夏，根据长春市教育局每学期安排的上课时间表，各校将学生送到莲花山基地校上课，学习期间在基地校住宿，基地老师负责教学及学生日常生活方面的管理，学习时间为3—5天。

2013年开始，长春市通用技术授课形式改为由基地教师到各校送课。基地教师按长春市教育局安排的上课顺序，依次到各校上课，依据各校学生数量，每次1—2天。基地教师上课前后由各校自行安排上课。因基地教师所带材料及工具有限，本校又没有更多的实践室，实际教学效果受到影响，课堂教学难以真正展开。2015年到2017年是通用技术学科跨越性发展的三年，全市各校除基地校上课时间外，绝大多数都已正常开课。长春市实践教育学校在2020年新冠疫情后停止送课，新校址各项软硬件建设也即将竣工，建成后的长春市实践教育学校将主要承担通用技术选择性必修和选修课程教学。

二、学校重视程度有所提高

随着社会环境的不断变化及“新高考”改革方案的出台，学校的教学管理者敏锐地意识到通用技术学科对学生未来成长的重要性。开课十三年来市区各校都已逐渐将通用技术纳入正常教学计划，每周一般一课时，省装备处给每个学校拨专款，每个学校至少建有一个通用技术实践室，以利于通用技术教学开展。各校相继配备了专职的通用技术教师，好一点儿的学校已配备了通用技术教研室、通用技术名师工作室，加上省里给每个学校配备的通用技术实践室的设施、设备及工具等，各校的通用技术课从此逐渐开展起来。在日常教学中，教师将学生好的作品、项目设计定期组织评比并在学校进行展览，学校可以看到通用技术学科带给学生的变化，对激发学生学习兴趣所起的作用。有的学校把通用技术作为学校发展的亮点，全校上下共同参与，积极为通用技术教学创造条件，促进通用技术学科健康发展。

三、教师队伍在不断成长

十三年来，通过每学期初的集体备课、教材培训，全市通用技术教师都能有一个共同学习交流的平台。从最初的去基地参观学习到在教研中心请专家举办讲座、请优秀教师带领大家备课、介绍好的教学经验和方法，再到第三阶段“走进校园，深入教研”，兄弟校之间这种互相学习、取长补短的劲头为教师们开展多样化教学起到了积极作用。

在这十三年里，长春市基础教育研究中心高中通用技术学科举办了多次论文、课件、教学案例、教学设计评比；举办了微课大赛、说课大赛、优质课大赛、教学名师评选等活动；举办了纸桥桥模设计与制作大赛、全市通用技术学科展示课等。长春地区的优秀通用技术教师多次代表学科到吉林市、白城、公主岭、舒兰等地，参加省里组织的“送教下乡”“跨地区教学交流”等活动。在不同阶段、不同时期及时做“课堂教学问卷”“教师问卷”“学生问卷”，以了解学科发展的最新动态。这期间，还举办了长春市通用技术教师技能大赛、长春市通用技术“教学精英、新秀大赛”、长春市通用技术“十佳教师”大赛等，通过笔试、技能测试、说课三个阶段的比赛，使一大批优秀教师脱颖而出，为教师们相互学习、展示交流搭建了很好的平台。

长春地区通用技术教师多次参加省里及全国的教学比赛，在

2009—2019 年举办的全国通用技术教学技能比赛中，有多位教师获得了国家级一等奖和二等奖，多项学生作品获得创客项目评比一等奖。2018 年长春地区参加第十五届全国通用技术课程工作会议，在创客作品评比项目中，一次获得 8 个一等奖，为历年之最。在 2019 年的第十六届全国通用技术课程工作会议上，东北师大附中净月校区的教师获得教师技能大赛一等奖，长春市又有 20 多个作品在创客评比中获奖。

在 2010 年吉林省首届通用技术说课比赛中，共有 6 人获得学科“新秀奖”；在 2013 年举办的吉林省通用技术教师说课大赛中有 2 人获得“精英奖”，4 人获得“新秀奖”；在 2016 年举办的第二届吉林省通用技术教师说课大赛中有 5 人获得“精英奖”和”“新秀奖”；在 2018 年吉林省名师评选活动中有长春地区有 2 人获得“精英奖”，3 人获得“新秀奖”；在 2021 年吉林省名师评选活动中有 2 人获得“精英奖”，2 人获得“新秀奖”。广大教师在活动中获得了经验，得到了锻炼。

四、学生学习通用技术的成就感和幸福感持续增强

自 2008 年 9 月开课以来，通过下校调研发现，综合各方面，发展好的学校和所谓的“三类校”最重视通用技术学科，在学校的正确引导下，学生的兴趣爱好得到了释放。因为有了通用技术学科，学生的想象力、创造力得以发挥，动手能力及解决生活中遇到的问题的能力不断增强，他们把自己的想象赋予头脑之中，不断构思，形成设计，做成作品，并加以创新改进。通用技术的学习使学生陶冶了性情，增进了对自然、社会的了解，他们再也不是那种死读书本、自我封闭、背负沉重学业负担的学生，而是在学习的过程中获得了全面发展的空间和成长环境。

老师们告诉我说学生上完这节课会盼着下节课的到来，有时候学生设计一些比较复杂的作品，他们会利用午休及节假日到学校实践室把它完成，这足以看出学生学习的兴趣。

新文化报在采访吉林省 2010 年理科状元，东北师大附中的孙孔标同学时曾问他："高中学习期间你最喜欢哪一门学科？"他出人意料地回答："通用技术。"他说通用技术让他学会了很多与生活相关的技术及设计制作方面的知识，开拓了思维，开阔了视野，学习通用技术的同时促进了其他学科的学习，并锻炼了独立动手解决生活中遇到的问题的能力。学生们因为通用技术学习带来的兴趣和成就感，带动了其他学科的学习，从 2010 年至今许多学生因为在通用技术上的优异成绩，激发了学习兴趣、增强了自信、唤醒了斗志，进而促进其他学科学习成绩的提升，最后被清华、同济等知名高校录取。

第九章　通用技术必修模块教材使用情况分析

高中通用技术学科承载着重要的育人功能，在培养适应学生终身发展和社会发展需要的必备品格和关键能力方面起着不可替代的作用。为了更好地落实通用技术学科核心素养目标，培养学生的科学精神和实践创新能力，提高通用技术课堂教学效率，推动长春市高中通用技术学科教育教学的发展，我们针对粤版高中通用技术学科教材使用情况，通过问卷与访谈的形式开展调研，旨在通过调研分析当下教材在使用过程中存在的不足及发现的问题并及时总结梳理不断修正。

长春地区通用技术教师队伍由三个主体组成——省（市）直属高

中、外县高中和长春市实践教育学校。由于是高中新课改的新兴学科，再加上吉林省还没有实行“新高考”，通用技术学科只进行学业水平合格性考试，所以真正能按国家课程标准要求的课时开课的学校少之又少。学校重视程度不够，除了东北师大附中、长春市第一三七中学、长春市实践教育学校、长春北师大附中、长春外国语学校等少数学校外，绝大多数学校配备的都是兼职通用技术教师。学科不被重视，教师的工作积极性也受到一定的影响。本次共有 21 所学校的 42 名教师参与了在线问卷调查，涵盖长春地区省（市）直、外县、长春市实践教育学校等所有实施通用技术教学的主体单位。

一、在线问卷调查参与人员构成

在调查中我们发现，省（市）直学校教师参与度比外县学校教师高，这也反映了城区和外县的实际开课情况（图 9–1）。长春市实践教育学校教师皆为专职通用技术教师，因学校没有学生，暂时负责到市内各校送课。市内各高中学校的通用技术教师负责在实践教育学校送课前和送课后的日常教学工作。2008 年秋季通用技术在长春市开设以来，外县高中开课一直不理想，很少有学校按课标要求开课，好一点儿的学校一般是在有学业考试的学期把学生集中起来上大课。

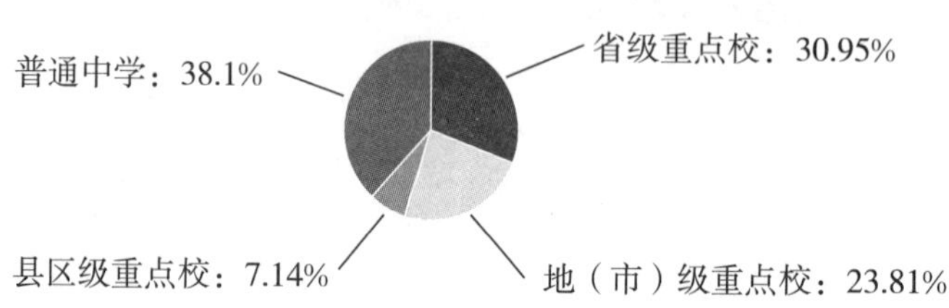

图9–1　在线问卷调查参与人员构成分布比例

二、通用技术教师专业结构

从调查中（图 9–2）我们可以看出，长春市通用技术教师队伍专业构成复杂。现在除哈师大、南京师大两所大学外，没有更多专门培养通用技术教师的高校，长春市各校通用技术教师都是其他专业转过来担任通用技术教学工作的，其中物理、信息技术、工科专业占比较大，其他专业的如化学、体育等。

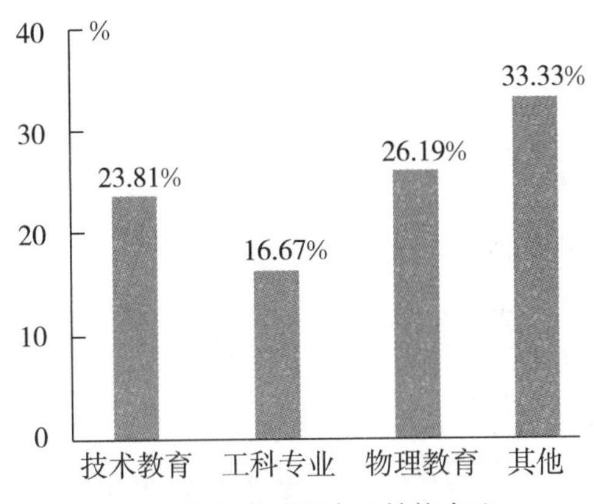

图9-2　通用技术教师专业结构占比

三、通用技术教材使用情况分析

因为缺乏专业的教师队伍，在日常教学中对教材的科学化、系统化、模块化的要求就极高，教材既要有学科特点，又要观点鲜明易操作。

（一）长春地区通用技术教材基本使用情况

2008年开课至今，吉林省一直使用两版教材——粤版和苏版，长春地区使用的是粤版。开始的时候长春地区课堂教学基本都用粤版，后来发现除了课堂教学还要照顾到学生学业考试，因为吉林省通用技术学业考试用的是一套试卷，它要考虑到不同地区学生的学习内容。鉴于这种情况，我带领老师们进行了两版教材的整合，方便教学也为了考试。多次入闱出题、审题，使我对两版教材有了比较详细的了解，我把两版教材中共有的知识点全部按章节梳理出来，老师们按我列出的知识点形成教案，这样，一本教案在手就可以同时应对教学和考试了。在两版教材整合过程中，我们也发现两版教材各自不同的特点及对学生学习和教师教学更适切之处。长春市实践教育学校更是在多年教学实践的基础上形成了整合后的校本教材。

（二）各校教师日常教学中教材使用情况

从问卷（图9-3）的分析中我们可以看出，虽然长春地区订的是粤版的通用技术教材，但在日常教学中有相当一部分教师又自费购买了苏版教材。实际上，在对两版教材的整合使用过程中，教师们也发表过自己的观点，提过建设性意见。

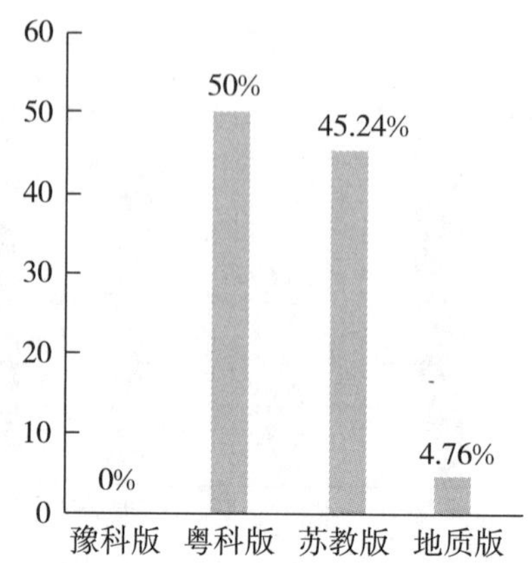

图9-3　各校教师日常教学中教材使用情况

从问卷（表 9-1）可以看出，54.76% 的教师认为现行教材理论与实践比例适当，而通用技术学科恰恰是立足实践、注重创造、高度综合、科学与人文相融合的课程。

选项	小计	比例
理论多、实践少	18	42.86%
理论少、实践多	1	2.38%
理论与实际比例适当	23	54.76%
本题有效填写人数	42	

表9-1　在用粤版必修教材内容结构分析

在访谈中不少教师积极发表自己的观点，并提出对两版教材的不同看法，举例如下。

1. 教师对苏版教材的看法

这套教材的主编是南京师范大学的顾建军教授，他是教育部普通高中课程标准组组长、通用技术学科的奠基人。苏版通用技术教材也是浙江省的在用教材，浙江省已经把通用技术纳入高考。这套教材在版式设计、栏目设计、实践项目、学习评价等方面非常独特，较好地体现了这次课标重新修订中所强调的核心素养的“整体性”与“层次性”

的渗透、技术实践的“丰富性”和“深刻性”的标准。

（1）情境导入，任务引领

《技术与设计 1》是采用“大过程”的组织方式，教材中每小节前都有情境导入，并且通过小任务的方式进行引领，还有问题嵌入、活动贯穿等整合知识、能力和情感、态度、价值观。例如《技术与设计 1》第一章第一节“技术的发展”的情境导入：新学期伊始，某校高一（3）班学生在一处依山傍水的空地上开展了为期五天的野外生存体验活动。同学们环顾四周，没有屋舍，没有人烟，仿佛身处《鲁滨孙漂流记》中的荒岛，吃、住、行全靠自己解决。同学们的心情也由最初的兴奋转变为充满挑战的期待，大家纷纷行动起来。与之对应的任务一为：追溯技术的历史；任务二为：展望技术的未来。

《技术与设计 2》是采取专题性设计的方式，通过情境导入、任务引领、问题嵌入、活动贯穿等整合大概念所蕴含的原理、思想和方法。

（2）关注差异，设计弹性

在教材导读中对技术体验、案例分析、拓展阅读三部分内容选用标注。这三部分从内容上看，体现了人文引领、注重思维与实践；从难易程度上看，适合不同层次的学生，给学生预留了较大的学习空间，也给教师提供了更广阔的驾驭空间。例如《技术与设计 2》第一单元第一节任务一的技术体验：让木条“动”起来，体验目的是感受结构的丰富性及其魅力。体验情境是《武经总要·攻城法》中关于云梯的结构设计。通过问题分析、活动准备、结构方案呈现与分享来完成感知结构的教学要求。可以看出这个体验材料简单、教学时间成本低、易于学生理解和感知、难度可深可浅。再如第二单元第一节任务三的案例分析《解决农产品的“卖贱买贵”难题》和拓展阅读《C2M 的典型案例——衣服定制》，都是一些注重差异性和设计弹性的栏目。

（3）导图小结，归纳清晰

在学完一章后，以思维导图形式对学习内容进行概括和归纳，有助于学生学会学习和自我建构。例如《技术与设计 1》第一章“走进技术世界”的导图小结，第三章“发现与明确问题”的导图小结，运用导图不同的结构——放射型、鱼骨型，便于学生掌握基础知识点。

（4）量规评价，查缺补漏

通过量规评价，对学习过程和学习结果做一次回顾总结和反思，有助于学习目标的真正实现，有助于核心素养的有效形成。例如《技术与设计 1》第六章“模型或原型的制作”的章末量规学习评价表，有全面的评价内容，并且有对应核心素养的说明标注，如 TA——技术意识、ET——工程思维、ID——创新设计、TD——图样表达、CM——物化能力；有促进学生提高、查缺补漏的达成情况；还有自评后对存在的主要问题进行记录。这样的量规评价表的使用有助于学生核心素养的有效形成。

2. 教师对粤版必修教材的看法

这套教材由广东科技出版社出版，主编是刘琼发。教材版式编排生动、活泼，还附上了许多贴切、有趣的图片。教材对理论知识介绍得比较系统，去掉了稍显艰深的专业技术名词，如刚度等。

（1）强调基础，联系实际，注重技术从生活中来

每章首页都介绍了该章的主要内容和学习目标，相对于老版教材增加了实践栏目，该栏目贴近学生生活，有助于学生对知识的理解，并且可操作性很强。例如“结构与设计”一章，感知不同的结构中的实践栏目——搭建自承式桥，项目只需要用圆柱形筷子和雪糕棒就可以完成，并且这种桥的搭建方法是中国古代非常著名的廊桥的搭建方法，是从生活中得来的技术经验。

（2）注重方法，学以致用，着重将技术用到生活中去

每节内容增加了导学思考栏目，让教材把学生领进门；教材图片和列表较多，所谓“一图胜千言”，一张图很容易与学生的知识和情感建立连接；每一张表格的设计都传递着技术思想和方法；章节后有导图知识点梳理和学习评价；每章的综合学习活动既贴近学生生活，可操作性又强，使学生能够将学到的技术应用到生活中去。例如“结构与设计”一章中第三节的习题 3——关于安全帽的选购问题，学生需要将所学技术知识消化吸收后，才能知道如何正确地选购安全帽；

再如“流程与设计”一章中的“综合学习活动”——晚餐采购流程设计，高二学生已经有挑选商品的购物能力，还有学科知识做支撑，是很容易完成这次晚餐采购的实践的，这些都是将技术用到生活中的很好的事例。

（3）体现先进，面向世界，关注技术的未来发展

我们生活在一个技术快速发展、日新月异的时代。技术设计与科学进步、社会发展、环境保护、经济基础和文化艺术等都紧密相连。通过本书的学习使学生了解一些先进的技术知识和技术手段，如机器人、北斗卫星定位系统、指纹识别、印刷电路板的设计与制造等。让学生知道技术设计的问题来源于我们身边和社会各方面，如“结构与设计”部分的中学生发明自述案例和某学校新生报到的流程改进设计等。同时引导学生关注技术对环境保护、经济发展和节约能源的影响，如城市交通系统案例和校园绿化方案的设计等。

（4）实践技术，感受文化，强调技术和人文的有机结合

在当代，把科技与人文这两个方面结合起来已成为共识。科技与人文代表着人性结构中的主体能力与主体需要这两个基本方面，它们都必须通过合理的实践活动才能得到实现。实践的合理化发展既需要科学技术的支撑，也需要人文规范的价值导向，它是科技与人文的有机结合。要切实促进科技与人文的结合，就必须加强对于实践的合理性批判与建构，促进实践的合理化发展。人文精神为技术发展开辟了道路，对技术进步具有重要作用。

（5）模式多样，方法多元，构建立体化的教材体系

通用技术是一门全新的课程，在现有通用技术课程资源比较缺乏的情况下，仅有一本教科书和一本教师教学用书是难以满足教学需求的。与教材配套的网站、教学光盘、教学软件以及必要的教具与学具等都是不可或缺的教学资源。粤版还专门编写了两本教学参考书《高中通用技术教学参考书　技术与设计 1》和《高中通用技术教学参考书　技术与设计 2》。

四、通用技术教材要符合日常教学及学业质量考核要求

通过上面的数据及教师访谈，总结出在现有情况下，应将两版教材内容有机结合起来，用于学业水平合格性考试和日常教学。根据长春地区通用技术教材使用现状以及吉林省高中通用技术学业质量要求，长春地区通用技术教材应同时使用粤版和苏版两版教材，以方便教学和考试。

吉林省高中通用技术学业质量水平要求达到二级即可，学业质量水平二级是高中毕业生在本学科应该达到的合格要求，是学业水平合格性考试的命题依据。吉林省现在没有将通用技术纳入高考，学业水平考试只对必修课程做了要求，因此，目前只对粤版和苏版的必修模块“技术与设计 1”与“技术与设计 2”教材的相同知识点进行整合即可。

按照教育部《普通高中通用技术课程标准（2017 年版 2020 年修订）》要求，通用技术教师要将学科核心素养在课堂教学中及时落地。随着新课标的出台，各种版本的教材都进行了重新修订。新教材在结构和内容上都有了新的调整，改变了传统的知识发布与简单技能训练的呈现方式，转变为情境导入、任务引领、问题嵌入、活动贯穿的内容呈现策略和基于学生创新精神、实践能力、工匠精神培养的“大项目”“大过程”“大概念”“大综合”的内容组织策略。这些新的理念在教材更换以后需要有相应的培训，以便教师及时学习和补充。

教材是课堂教学的重要载体，通用技术教材应能满足城乡普通高中学生技术课程学习的需要，为高中学生技术素养的提高和全面而富有个性的发展提供一个可资对话的文本，进而为我国民族素质的提高和科技进步做出贡献。适合的才是最好的，教材应以学生为本，遵循技术教育基本规律，围绕学生的发展组织教学内容，改善学生学习现状。时代在发展，科技在不断进步，没有一成不变的完美教材，在发展变化中，我们需要继续构建以提高学生的技术素养为基本目标，以培养学生创新精神和实践能力为重点，以回归学生的生活世界为基本取向的具有创新意义和中国特色的高中通用技术教材。

第十章　通用技术教学实施过程中存在的问题

高中通用技术在长春地区开课以来，尽管在课程建设、教师队伍发展、教学教法及学生学习等方面取得了一些成绩，但由于不是高考科目，学校整体重视程度不够，按部就班地依照教材上课难。因地制宜开发项目，基本脱离教材变成校本性的活动课程，不能覆盖课标内容，课程独特的功能不能很好地体现。在教师配备、实验室建设、资金的投入、课程的开设等方面都存在一定的问题，笔者深深感受到通用技术课程实施的现状不容乐观，有些问题还比较严重，从根本上影响了通用技术课程的发展。在通用技术教学实施过程中我们发现存在如下一些问题。

一、学科地位问题

学科地位问题一直是困扰通用技术教育教学的主要问题，直到今天，由于全国绝大多数地方没有将通用技术纳入高考，使得通用技术在老师、家长及学生心目中没有达到应有的重视“程度”。高考指挥棒下不能立马见效益的学科都是可以放到一边的，课时可有可无，顶多到会考时集中复习一下，真正能按课标要求实施教学的学校还是非常少的。

二、课程定位问题

从必修课来讲，一直存在着理论课与实践课的争论，也就是技术与设计、设计与制作，到底是偏重于技术设计还是制作？有些学校的课堂基本交给了学生，每学期学校备好材料、用品，学生到通用技术专用教室，按照老师设计的项目教学要求，直接动手做作品。必修课的理论知识比较易懂，学生自己如果充分预习是能够看明白的，但如果事先做不到预习，教师在课堂上还是有必要讲解的。理论是实践的基础，项目教学的设计阶段需要理论支撑，而作品制作不是简单的物化，这个过程是用来检验设计的，所以不能简单地把制作上成手工课。

三、教师队伍建设问题

长春地区现有的通用技术教师队伍不稳定，专业不对口，教师的技术素养亟待提高。其中有的是原劳动技术课教师、物理教师或是其他富余人员临时顶替。有的学校领导到现在还把通用技术这门课程叫劳动技术课程，把通用技术课上成了劳动技术课。用劳动技术课替代通用技术课，严重弱化了普通高中技术课程在基础教育阶段的育人作用。通用技术课程的教师在高校缺少对口的专业培养，现在通用技术课程的任课教师多是专业接近通用技术或所学专业与通用技术毫不相干，不同专业背景的转行老师在课程理念、教学经验、教育机能、技术素养各方面能力参差不齐，严重影响了通用技术教师队伍的质量。

四、课时保障问题

通用技术必修课程共设置 2 个模块，计 3 学分，每学分 18 课时，共 54 课时。但在实际教学中每周仅能安排 1 课时，能保证按部就班上课的学校就已经是非常好的了。由于时间以及各方面条件的限制，长春地区绝大多数学校都未开设选择性必修以及选修课程。在应试教育影响下，学校从既得利益出发，多数是在有考试的学期安排全年级的学生到阶梯教室集中上“大课”，课时很难得到保障。长春市实践教育学校教师按教育局给各校排课的时间，以项目教学的形式送课到各校，依各校学生多少上课 1—2 天不等。因为有基地送课，各校很少自己开课，有教材的国家必修课程就这样被应付了事，这其实是不利于学科课程实施和学生全面发展的。

五、教材使用问题

全国范围内现有四个版本的通用技术的必修课程教材，吉林省使用广东科技版和江苏教育版。因为没有统一的教材，国家教育行政部门也就不好做教学上的统一管理，如果各省内教材再不统一就更不利于教学指导及学业考试等诸多与课程相关的工作的开展。拿吉林省来说，使用两版教材带来的一个最直接的问题就是学生学业水平合格性考试的命题工作与学生复习应考上的不便，命题部门要兼顾各个地区的学生，各地区平时教学时更要兼顾两版教材，以免出现疏漏。

六、实践室建设及使用问题

通用技术课程实践性较强，对专用教室、仪器设备、资金投入等提出了一定要求。从国内目前上课形式来看，设有“基地校”的地方很少，因为是必修课程，必然要求各校以“常态课”的形式按部就班地上，“基地校”那种以实践为主，集中培训的方式就不便被接受。这样一来，“基地校”实践室设备设施的优势就体现不出来。长春地区各校陆续配备了通用技术实践室，学生在完成作品设计后，可到实践室来完成制作。由于设备设施、工具材料等有限，学生需要分期分批到实践室完成制作，上课时间完不成的要利用课余时间。各校由于空间等条件限制，能建有两个实践室的是相对比较少的。个别学校因实践室设备及备品、卫生管理等方面的原因更是不愿对学生开放，使得实践室成为应付检查工作的摆设。

七、必修课、选择性必修与选修课的开设问题

由于各地对通用技术的考核评价方式不一致，学业水平考试的模

式也有所不同，因此，在通用技术课程开设上各地也都不一样。如浙江省因为将通用技术纳入到高考科目当中，它在课程开设上是比较全面的。同时，学业质量水平要求达到的级别也更高。吉林省通用技术课程因只进行学业水平合格性考试，目前只要求开设必修课程，选择性必修和选修课依据学校具体情况自主开设。长春市实践教育学校新校址已基本竣工，未来计划承担全市选择性必修和选修课程的教学任务。

八、教学方式选择问题

长春地区自通用技术课程开课以来，教师在教学方式方法的选择上做了许多尝试：开课之初由于对课程教材的把握不到位，基本都是以多媒体结合教材内容来讲的；随着教学的逐步深入，又把任务驱动方式引入课堂教学中；“基地校”上课因为时间短，任务重，结合该学科特点，从而选择项目教学的方式。这几种教学方式各有优势，针对不同的教材内容、不同的教学环境，一味地用其中某一种方式是达不到通用技术教学要求的。

九、学业质量评价问题

各级教育主管部门对通用技术课程的教学都有明确规定，但缺乏监督，没有相应的、完整的考评制度实施监管。教学中对于学生的评价，课标按学分做了详细说明，按学分来评价学生学习完成情况具有一定的科学性。但现实中很难分得那么详细，选择性必修和选修课不开课，必修课又不能按课标要求开设，按学分评价学生缺少完成学习的客观条件。关于学生的考试评价，各省方式不一样，有的纳入高考，有的实行会考，有的甚至干脆什么都不考。各省考试的题型也不尽相同，评价标准不一，对于学生在学习课程过程中的表现及完成度不易做出完整公平的评价。

十、学科发展规划问题

新课改后，通用技术学科建立至今已近二十年了，通用技术发展不温不火，国家教育行政部门没有对通用技术在教材使用、考试评价、学生教学、实践室配备等方面做出统一的要求。各地各校依旧按“自发”的形式进行教学，针对目前国际科技竞争的态势，社会发展对科技的依存度没有提出重要指示。三年的时间，2 门必修课、11 门选择性必修和 4 门选修课都设置在高中阶段完成，缺少现实的可行性。为了课程实施的完整性及学生能力培养的可持续发展，应理顺课程的设置，从小学一直到大学全学段开设课程，形成完整的课程体系，这样才有利于课程的发展，有利于技术人才的培养。

第十一章　通用技术教学评价

通用技术教学评价是对学科核心素养以及在知识与技能、过程与方法、情感、态度与价值观等方面的学习过程和发展状况进行定性或定量的描述。合理的评价可以使学生了解自己在技术学习中的特点、已有成绩和不足之处，也可以帮助教师调整和改善教学行为，从而促进学生和教师的共同发展。

一、通用技术教学评价原则与内容

通用技术教学评价应遵循过程性评价与终结性评价相结合，综合评价与单项评价相结合，阶段性评价与日常性评价相结合的评价原则，发挥评价的激励、诊断、调控、导向和发展功能；坚持评价的客观性、整体性、科学性和指导性。评价的内容要体现本课程的基本理念、课程目标和内容标准。2017版新课标中，每个模块或主题由“内容要求”“教学提示”“学业要求”组成。新课标增加了教学与评价案例，同时依据学业质量标准细化评价目标，增强了对教学和评价的指导性，建立了学习结果与学习过程并重的评价机制，既关注学生技术知识掌握、实践技能习得、技术作品形成等，也关注学生技术思想、方法、情感、态度、价值观的发展情况，还关注学生技术学习活动中技术经验的积累、原理的运用、方法的融合、设计的创新、技能的迁移、文化的感悟。努力实现教、学、评三者的有机统一。

（一）评价要基于通用技术学科核心素养

基于学科核心素养的教学与评价应把握学科本质，创设真实学习情境，合理选择和组织教学内容，关注学生技术经验的建构、技术思维的形成和技术文化感悟的有机统一，加强信息技术条件下教学资源的有效组织和应用，强调目标、教学、评价三者的一致性。

通用技术学科核心素养的内容之间是不断递进的关系。通过学习通用技术能够培养学生自觉的技术意识，使他们在学习与生活中留意身边的先进技术，关注技术给社会发展、生产生活带来的变化。有了这种技术意识还需要学生具备工程思维，学生能够认识系统与工程的多样性和复杂性；能运用系统分析的方法，针对某一具体技术领域的问题进行要素分析、方案构思及比较权衡；领悟结构、流程、系统、控制基本思想和方法的实际运用，并能用其进行简单的决策分析和性能评估。

头脑中的技术意识、工程思维想要具体化就需要创新设计，有了设计才能把想法付诸实施，教师应积极鼓励热爱创新设计的学生利用课余时间到通用技术实践室搞发明、创造，培养他们的想象力和创造力。爱因斯坦曾经说过：“想象力比知识更重要，因为知识是有限的，而想象力概括着世界的一切，推动着进步，并且是知识进化的源泉。严格地说，想象力是科学研究中的实在因素。”创新设计需要运用恰当的技术语言来表达。通过学习，学生能识读一般的机械加工图及控制框图等常见技术图样，会用手工或利用三维设计软件绘制简易三视图、草图、框图等，通过图样把创新设计的想法呈现出来。有了设计，光停留在纸面上还不行，学生需要通过实物的制作来具体了解设计是否成功，物化过程也是检验设计的过程。在此过程中，让学生了解常见材料的属性和常用工具、基本设施的使用方法，拥有一定的操作体验和感悟，形成动手实践与创造能力。

（二）根据学习内容具体评价

对于不同的技术学习内容，学生的感受也不同，要根据内容特点确定过程与方法的评价重点。重在评价学生解决实际问题的能力、技术的决策能力和创造能力。例如，评价“控制与设计”主题的练习“自动计时装置的设计方案及模型制作”，应着重评价学生设计方案的技术原理是否有独到之处（如有的同学利用了“沙漏”的计时原理；有的运用“虹吸现象”计时；有的采用数字电路脉冲计时等），设计方案是否比别人的简单有效，是否将所学的理论知识综合运用到设计之中，是否选择了价廉物美的制作材料，制作工艺是否有创意以及作品能否满足设计要求等；学生参与技术学习的态度，解决难题的信心和意志，是否具有良好的合作精神，对于技术文化的理解等。例如，对“居室门厅方案设计”的评价除了考虑能实现一般的门厅所具备的功能以外，还要评价学生设计方案中体现的环保、审美、个性化追求等，从正面引导学生对设计作品的高尚文化品位的向往和追求。

二、通用技术教学评价方法与管理

通用技术教学评价主体（评价者）主要有教师、学生、家长、实践基地人员、校外技术人员等。要发挥不同评价主体在评价中的作用，将教师的评价与学生的自评、互评及校外技术人员的参评等有机结合起来。

通用技术教学评价是开放的、灵活的，评价方法多种多样，如书面测试、方案及作品评析、过程记录、访谈、活动报告等。这些评价方法各有特点，适合不同的评价对象，评价者要根据具体的评价目标、内容，客观分析并灵活运用这些评价方法。

（一）书面测试

选取来自生活和社会实际的问题分析、案例分析、产品设计和产品分析等题型，考查学生对技术原理的理解、技术方法的综合应用以及将技术方法迁移到新问题情境中的能力。

（二）方案及作品评析

对学生制作的作品、产品模型、设计方案和技术图样、说明书、设计制作报告等进行评价。在对方案及作品等进行评价时，要特别注意不要以成败作为评价的唯一标准。对于成功（达到设计要求）的方案和作品，要从其创意是否新颖，各种指标是否合理，制作是否精益求精以及设计、制作报告是否找出了成功的原因与不足等方面进行综合评价；对于不成功的方案和作品，要着重评价设计中的合理之处和有价值的地方，看其是否有新的思想火花和新的思路，设计、制作是否认真，特别要看其是否找出了不成功的原因以及可供继续设计和制作的经验。对不成功的方案与作品，要允许学生重新设计或制作，并重新进行评价。

（三）访谈

与学生面谈，了解学生阶段性学习状况、对自己的期望、满意程度、存在的问题和困惑等，便于教师有针对性地掌握学生的学习情况，及时解决学生的问题。

（四）技术活动报告

由教师和学生分别记录。教师记录全体学生在技术学习过程中有价值或有意义的信息；学生记录技术学习的内容和学习过程中的感受，技术试验过程中遇到的问题及解决策略，设计、制作中的独到或有创意之处。对作品或方案的评价等过程性资料，形成学生的技术活动档案袋。家长和校外技术指导也可以记录学生在技术学习过程中的有关信息。

（五）模块评价

高中通用技术必修课程共设置 2 个模块，计 3 学分，每学分 18

课时，共 54 课时。通用技术学科以模块为单位安排教学活动，其评价也以模块为基本单位。评价每个课程模块时，要求同时考查“修满学时”“过程表现”和“终结性测验”，三个方面均合格者方可认定该模块学分。下面是各评价项目的具体要求，供实施过程中参考。

1. 修满规定的学时

本项要求主要体现学生学习的参与程度，应通过考勤登记和对学生听课记录的检查等方式进行鉴定。参照模块学习时数的规定，学生学习时间至少要达到课程标准要求的 5/6 以上。本项鉴定比较简单，凡是缺课在 9 节以下的为合格；缺课 10 节（含 10 节）以上的为不合格。

2. 学习过程表现

本项要求主要指学生学习过程中的情感态度、完成作业的次数和质量、提出问题和解答问题的数量和质量以及单元阶段性知识与能力的测试。该项最终的评价办法由教师根据实际情况确定，报学校学分认定委员会审查批准后执行。学习过程性评价要坚持评价主体的多元化，将学生的自评、同伴之间的互评、教师的评价三者结合起来。本项鉴定结果，以等级 C 以上或 60 分以上为合格（85 分以上为 A 级，70—84 分为 B 级，60—69 分为 C 级，60 分以下为 D 级）。

3. 模块终结性考试评价

学生的模块终结性考试评价，应根据必修模块的具体内容和性质，采取纸笔测试、操作技能考查或二者结合。模块终结性评价一般以百分制计算，60 分以上为合格。

另外，计算机作为工具，在学生技术学习的评价中具有重要作用。可以利用计算机生成和制作评价题目、评价量规，生成对班级学生或某个学生的评价结果分析报告，分析测试题目或评价项目的难度、区分度等。

建议必须同时满足以下三个条件方可认定模块学分。

（1）学生学习时间达到要求。该项主要体现学生学习的参与程度，以学生出勤记录为评定依据。学生学习时间达不到课程标准要求的学习课时 5/6 以上，不能获得相应的学分。

（2）基本完成规定的学习任务。学生应按规定基本完成学习过程中布置的项目设计或制作。对于小组合作完成的项目，应经小组评议达合格以上。不能完成规定任务的，不能获得相应的学分。

（3）终结性评价达合格以上。学生在模块学习结束，经终结性考试（纸笔测试、操作考查等），结合小组评议、过程评价，教师给出终结性评价。终结性评价未达合格的（评为D级），不能获得相应的学分。

要上好通用技术这门课，最重要的是根据教学重点找到生活中有针对性的例子，思考分析、探索发现、继承创新，通过教学评价促进教师在这些方面的提高与发展。

通用技术课堂教学评价量表

类别	具体评价内容	权重分
教学目标（10）	①学科核心素养目标、三维目标明确具体。	4
	②目标符合课程标准和学生实际。	6
教学内容（40）	①突出重点、抓住关键和难点。	10
	②教学容量与教学资源选择恰当。	10
	③技术案例的广度和深度切合课程标准和学生实际。	20
教与学过程（35）	①创设情景，激发兴趣，开阔视野。	5
	②教学基本功扎实。	5
	③正确把握课型特征，教学策略得当。	5
	④方法灵活，深入浅出，理论与实践相结合。	5
	⑤教师主导，学生主体，师生互动。	5
	⑥合理使用教学媒体。	5
	⑦教学思路清晰，课堂调控能力强。	5
教学效果（15）	①教学目标达成度较高。	5
	②学生学习积极性较高。	5
	③学生能对知识进行运用并迁移。	5

三、通用技术学分认定方案

通过对学生学习过程的评价，发挥评价的激励、诊断和发展功能，努力提升学生核心素养，促进学生全面发展。通用技术教学遵循发展性评价理念，发展性评价集中体现了“一切为了学生发展”的教育思想。根据普通高中课程方案和吉林省学业水平合格性考试要求，学生要完成 2 个通用技术必修模块内容，共 3 个学分，每学分 18 课时，共 54 课时。

学生修完必修模块方能选学选择性必修和选修模块，教师应根据学生必修模块的学习情况以及职业发展规划，指导学生选学其他模块。选择性必修最高可选 18 学分，共设 11 个模块，每个模块为 2 学分，每学分 18 课时。学生可根据个人兴趣和发展取向按系列选修或跨系列选修其中任意一个模块。

通用技术必修模块的总成绩由过程性评价与终结性考试测评两部分组成（目前长春市学生仅参加笔试形式的吉林省高中通用技术学业水平合格性考试），过程性评价占 50%，终结性考试测评占 50%，其中过程性评价分出勤（占 10%）、平时考查（占 20%）、技能操作（占 20%），学生的总成绩由公式计算后，可换算成学分。总成绩 60 分以上计相应学分。

计算公式如下：出勤 10%+ 平时考查成绩 /N（考查次数）×20%+ 技能操作成绩 /N（操作次数）×20%+ 考试测评 50%= 总成绩

对出勤分数的管理采用 10 分制。在模块的学习过程中，学生每迟到一次扣 0.1 分，请假一次扣 0.5 分，旷课一次扣 1 分。学生出勤分低于 6 分或累计无故旷课达 4 课时、累计请假超过 8 课时的将被视为课时不合格，该模块学分记 0 分。例如：

通用技术必修模块总成绩

姓名	学习过程评价												考试成绩	考试测评 50%	总成绩	学分
	出勤 10%	平时考查成绩				评价 20%	技能操作成绩				评价 20%	总评				
		1	2	3	均值		1	2	3	均值						
S1	10	80	85	65	76.7	15.3	85	95	95	91.7	18.3	43.6	60	30	73.6	2
S2	5	90	90	70	83.3	16.7	70	80	80	76.7	15.3	37	80	40	77	0

平时考查成绩包括课堂提问打分，课堂纪律与精神面貌，小组讨论参与度，课后作业完成情况等，每位学生每学期至少要有两次课堂提问成绩。小组讨论与探究活动既能放权给学生，又能调动每位学生的积极性，提高交流的效率。教师通过评价量规给学生指导，并由学生小组根据评价量规对每位学生的表现打权重分，教师负责考评小组活动成绩，每位小组成员的成绩 = 小组内权重分 + 小组得分。这样既能体现小组整体水平，又能考核每位学生的实际水平。小组探究评价量规简单而具有可操作性，使小组探究评价得以实施。小组探究活动评价方法举例如下：

多功能电脑桌设计与制作——小组探究评价量规表

等级	优	良	中
策略与方法	探究方法科学，有计划，有步骤，切实可行。	探究有方法，有步骤。	探究活动盲目，随意性大。
分工	分工明确合理，成员协作积极主动。	分工基本明确。	分工含糊，成员主动性不高。
搜集资料	搜集资源真实，并进行筛选加工和提炼；采用核对、调查等方法。	能找到部分资料。	搜集资料数量少，质量差。
分析与交流	交流充分、深刻；比较、考证充分。	交流较充分。	交流不充分，表达不完整。
展示	能通过操作演示、表格、图表、文本、图像等形式表达清楚、深刻、有逻辑。	通过恰当形式表达，有逻辑。	表达形式单一，不清楚。
方案	设计实用美观、说明清楚、作图规范、选料恰当，有创新、易推广。	设计实用、有说明书、作图基本规范、有一定创新。	设计有明显缺陷，说明不清、作图不规范、创新少。
自评互评	小组充分展开自评与互评，在权重分上标明成绩；不搞平均主义。	小组展开自评与互评；在权重分上标明成绩。	无自评与互评；没有在权重分上标明成绩。

续表

成员	学号	姓名	任务	组员权重分	教师评分	个人成绩
组长			成果汇报，组内协调。	9	80	89
成员1			提供创意思路、设计、绘图。	5		85
成员2			制作、组装。	–9		71
成员3			试验、修改完善方案。	–5		75

作业主要是教师布置的书面作业，包括课本上的课后练习、技术图样的绘制及技术试验报告的撰写等，主要评价学生作业完成的次数及质量。

操作技能是通用技术教学评价的一项重要内容，主要考察学生的设计与动手实践能力。例如完成设计与制作作品过程中的设计流程、方案构思、材料选择、制作工艺、作品测试、使用说明等方面的能力。这个过程的考查既有对学习过程的及时记录，又有对作品最终的评价。（以上评价方案与方法源自长春市实践教育学校）

通用技术教学评价能够促进教师专业发展与教学水平提升，将教师的专业素质和学生的学习行为整合为评价体系。促进教学目标的优化，促进教师对学生的行为表现、情感体验、知识获得、交流合作、参与教学的时间和机会、积极性和效果的关注。提高课堂教学质量，提高学生对设计过程的参与程度，引导学生生成多种设计方案。

第十二章 通用技术学业质量水平与考试评价

《普通高中通用技术课程标准（2017 年版）》提出了学科核心素养，体现了时代特点，并与生活紧密联系，注重科技与人文有机融合，突出实践能力、创新思维和工匠精神的培养，倡导核心素养理念下的多样化学习方式，建立了学习结果与学习过程并重的评价机制。研制了学业质量标准，明确了学生完成本学科学习任务后，学科核心素养应该达到的水平，各水平的关键表现构成评价学业质量的标准。引导教学更加关注育人目的，更加注重培养学生的核心素养，更加强调提高学生综合运用知识解决实际问题的能力，帮助教师和学生把握教与学的深度和广度，为阶段性评价、学业水平考试和升学考试命题提供重要依据，促进教、学、考有机衔接，形成育人合力。

一、学业质量标准的含义

学业质量标准是指基础教育阶段的学生在完成各学段教育或者结束基础教育阶段教育时，应该具备的各种基本素养以及在这些素养上应该达到的具体水平的界定和描述，是对教育目标的质量描述。

学业质量是学生在完成本学科课程学习后的学业成就表现。学业质量标准是以本学科核心素养及其表现水平为主要维度，结合课程内容，对学生学业成就表现的总体刻画。依据不同水平学业成就表现的关键特征，学业质量标准明确将学业质量划分为不同水平，并描述了不同水平学习结果的具体表现。

二、通用技术学业质量水平与考试评价

通用技术学业质量是阶段性评价、学业水平考试命题的重要依据。学业质量水平二级是高中毕业生在本学科应该达到的合格要求，是学业水平合格性考试的命题依据。学业质量水平四级是学业水平等级性考试的命题依据。

普通高中通用技术课程学业水平合格性考试面向全体高中学生，是对学生高中阶段通用技术课程基础知识和基本技能掌握情况的标准参照考试。学业水平合格性考试以两个必修课程模块为基础，以学业质量要求 1—2 级水平为依据来制定评价方案。

普通高中通用技术课程学业水平等级性考试主要用于学生升学，成绩作为普通高校招生录取的依据之一。课标中建议以两个必修课程模块和选择性必修课程中的“电子控制技术”“现代家政技术”“职业技术基础”三个模块为主进行内容选择，以学业质量要求 3—4 级水平为依据来制定评价方案。

三、基于核心素养的学业质量标准

我国学生的核心素养强调全面性，从培养全面发展的人的角度进行描述，包括“人文底蕴、科学精神、学会学习、健康生活、责任担当、实践创新”等六大素养。从学生发展核心素养和各学科核心素养的关系看出，学生发展核心素养是以整合各个学科共同培养学生的核心素养为基础，在构建学科核心素养时，重视学科融合，摆脱分科的思想，坚守各门学科的边界，发挥核心素养促进学生全面发展及学科整合的作用，实现软性互通。

学业质量评价将会带动课程、教学发生相应转变，将推动素质教

育发展，完善课程标准；有助于学校和教师明确基础教育各学段的学业水平目标要求，更加深刻具体地理解学生素养提高和全面发展的内容。

在教学实践上，学业质量标准将逐步推动教学由以教师为中心转向以学生为中心,达到教育的最终目标即培养学生终身学习能力。同时，教师课堂教学自主性得到增强，教师能够依据学科核心素养和学业质量标准来自主准备教学材料，把握好教学尺度，从而提高课堂教学的有效性。学业质量标准使教师教学观念由以知识为中心转向以素养为中心，这关键依赖教师深入细致地理解核心素养。

在教育评价上，学业质量标准关注“未来取向的评价”，即它不再是基于学科内容和考试内容的表现标准，而是基于能力和素养的标准。据此建立起来的教学评价可以促进评价打破学科限制，使跨学科能力的综合评价成为可能。

四、通用技术必修模块学业要求

新版课程标准中“技术与设计 1”“技术与设计 2”模块的学习包含了 3 个方面的内容：内容要求，教学提示（教学策略提示、项目任务提示、教学装备提示）和学业要求。

“技术与设计 1”模块的学业要求：通过本模块的学习，学生能加深对技术性质与发展历史的理解，形成亲近技术的情感；掌握常用工具及其使用方法、常见材料及其加工方法、方案构思及其方法、图样识读与绘制、模型制作及其工艺等方面的一些基本知识与基本技能，具有运用技术设计方法解决技术问题的基本能力和基本经验，并形成有效迁移。初步形成关于技术的人技关系、技道合一、形态转换、权衡决策、方案优化、技术试验、设计创新等技术思想与方法。通过技术设计的交流和评价，培养合作精神，提高审美情趣，增强使用技术的自信心和责任心，培养良好的批判性思维和创造性思维品质。

“技术与设计 2”模块的学业要求：通过本模块的学习，学生能理解结构、流程、系统和控制的基本概念和基本原理；能运用基本原理进行基于问题解决的结构设计、流程设计、系统设计、控制设计并加以物化，初步形成技术的时空观念、系统观念、工程建模、结构与功能、干扰与反馈等基本思想和方法；能使用常用、规范的技术框图等技术语言构思与表达设计方案；能结合生产和生活的实际，形成和优化设计方案并实施；能从技术、环境、经济、文化等角度评价技术设计方案和实施的结果，增强创新意识。

五、通用技术学业质量水平划分

通用技术学业质量要求	
质量水平一级	1.能结合具体技术案例理解技术性质与发展历史，形成亲近技术的情感；阐述技术与人、自然、社会的关系，辨析技术的目的性、实践性、综合性、两面性、专利性等；具有技术使用的安全意识、规范意识、伦理意识、环保意识，形成技术的文化理解与适应意识。
	2.能简要说明技术与工程的关系，运用系统分析的方法进行技术设计分析，初步形成关于技术的人技关系、技道合一、权衡决策、方案优化、技术试验、创新设计等技术思想与方法；结合具体案例，阐述技术所反映的社会价值观及多元文化，理解技术的文化特性和美学特征。
	3.能体验技术设计的一般过程，理解技术设计的一般原则和方法，根据需求和技术规范，借鉴现有的技术设计案例，尝试制定解决同一技术问题的2—3个方案，并进行比较、权衡，初步具有解决设计技术问题的基本能力和基本经验，并形成有效迁移。
	4.能举例说明技术语言的种类及其应用；能识读常见的技术图样，如简单的机械加工图、电子线路图；能绘制简单的三视图，会用手工和计算机软件等方式绘制简单的草图表达设计构想。
	5.能了解金属、木材、电子元器件等常用材料的属性、加工工艺及连接方法，学会模型或产品的成型制作和装配；能说明技术试验的意义、特点及常见类型；能进行简单的技术试验，设计并加以实施；能分析试验数据，形成试验结论，写出技术试验报告。

续表

通用技术学业质量要求	
质量水平二级	1.能结合生活中的技术案例，说明技术领域中结构、流程、系统和控制的基本理念、基本原理，列举它们在生活中的广泛运用，并从技术文化的角度分析技术产品的历史发展，理解一项新技术是在多元需求、价值取向和科技发展等多种因素影响下发展的；初步形成技术的时空观念、系统观念、工程建模、结构与功能、干扰与反馈等基本思想和方法，发展技术的规范意识、质量意识、环保意识及创新意识。
	2.理解系统的基本特性，能运用系统分析方法分析技术问题；知道系统与工程的联系，通过技术探究分析影响系统优化的因素，并通过对简单系统设计的分析，初步掌握简单系统设计的基本方法，增强运用系统与工程思维解决实际技术问题的能力。
	3.能描述结构的一般分类，进行简单的受力分析，并能从技术和文化的角度评价典型结构；能在对需求与问题确认的基础上进行简单的结构设计，并绘制设计图纸，做出模型或原型；能解释流程中环节、时序的含义，会阅读和绘制简单的流程图。分析流程设计和流程优化过程中的基本因素及其关系，并结合具体技术需求进行流程设计或对已有流程进行优化。
	4.能运用手工绘图工具或常见的二维、三维设计软件绘制结构图、流程图、控制系统方框图等，表达简单的设计方案；能通过案例说明手动控制、机械控制、智能控制的特点，阐述简单的开环控制系统和闭环控制系统的基本组成和工作过程，理解其中控制器、执行器等的作用，了解简单的反馈和干扰现象及其基本原理，并能用方框图加以表达。
	5.能分析被控制对象的基本特征，确定被控量、控制量；能进行简单的控制系统的方案设计，并制作一个控制系统装置，学会调试运行，提出改进方案；能通过技术试验分析结构的强度、稳定性和控制系统的控制、干扰、反馈等现象，写出试验报告；能根据方案设计要求，选择材料和工具，并根据方案的时序和工序，高质量地完成控制系统模型或产品的成型制作和装配。
质量水平三级	1.能结合某一具体技术领域，如服装设计、智能家居、电子控制、机器人设计与制作等，自主搜集和分析相关数据并判断发展趋势，评价一项技术对人、社会、环境的积极或消极影响；理解技术、职业与社会之间的关系，初步树立职业与责任意识，形成职业发展规划的能力。
	2.通过具体的技术和工程发展案例的分析，感悟技术文化；能通过技术和工程设计实践，理解技术和工程实践活动所承载的文化意蕴；能就某一具体技术和工程问题，运用系统分析的方法，识别问题的特性和细节，明确制约条件和影响因素，提出可能的解决方案。

续表

通用技术学业质量要求	
质量水平三级	3.能在进行简单的技术方案设计时，尝试运用模拟试验或数学模型来识别各种因素，进行系统决策分析和评估；能发现用户的多方面需求，系统分析需要解决的技术问题；通过多渠道搜集相关信息并进行处理，能尝试运用创造思维和创造技法设计多个方案。
	4.能识读机械、电子等技术领域常见的技术图样；能用较详细的草图表达设计构想，利用设计文件、日志等记录设计的创意、过程和结果。
	5.能结合某一技术领域，掌握一些材料的属性及加工方法，根据方案设计要求选择材料和工具，确定方案实现的时序和工序；能严谨细致地完成模型或产品的成型制作和装配，并对模型或产品进行多方面的技术试验和基本的技术指标测量。
质量水平四级	1.能综合各种数据与信息，就某一技术领域对人、社会、环境的影响作出判断，形成正确的技术观和生态文明观；能适当参与有关技术发展与应用的讨论与决策；能运用趋势分析方法等，对某一技术的未来发展作出判断。
	2.能就某一技术领域中较为复杂的问题情境，运用系统分析的方法将任务具体化，形成可能的解决方案并不断地优化改进；能初步运用简单的模拟试验或数学模型对某一技术方案做出性能和风险评估，形成一定的系统与工程思维。
	3.能运用用户模型分析方法，提炼用户的独特需求和确认所要解决的特定技术问题；能依据设计需求并运用创造思维和创造技法设计多个方案，进行综合比较与权衡，形成一定的设计创新能力。
	4.能结合不同技术领域，熟练运用常见技术图样进行方案的设计；能将简单的设计方案用二维、三维设计软件表现出来，并不断进行优化和改进。
	5.能分析设计方案，并根据方案设计要求选择合适的材料；具有初步的工具思维和工匠精神，完成模型或产品的成型制作和装配；能对模型或产品进行精度较高的技术测试和简单的方案试验，撰写简单的技术测试和方案试验报告。
质量水平五级	1.能综合多个技术领域，调查并分析个体及群体的价值观、伦理规范是如何影响技术发展的；能分析并评价一些重要的技术对个人、社会、环境的影响，学会进行技术决策，树立牢固的社会主义生态文明观。
	2.能综合运用科学、技术、工程、数学、艺术等方面的知识，综合多个技术领域进行方案设计；能运用模拟试验或数学模型评价设计方案，尝试进行趋势分析和风险评估。

续表

通用技术学业质量要求	
质量水平五级	3.能综合运用多种方法，挖掘用户的潜在需求，多视角认识技术问题，形成对用户需求和技术问题的敏感性；能运用数学与工程方法进行比较和权衡，在所设计的多个方案中选定最佳方案，或改进原有方案；能自行设计技术试验，进行技术探究，熟练运用技术设计与创新的一般方法，形成较强的设计创新能力。
	4.能选择与综合运用图样或其他技术语言表达设计构想，形成用技术语言进行思维转换的能力。
	5.根据方案设计要求综合选择材料和工具，具有一定的材料规划意识和工具思维；能对模型或产品进行精度较高的多方面技术测试和综合的方案试验，撰写技术测试和方案试验报告，并能从质量、效率、形式、流程等方面进行评价与优化。

六、通用技术学科核心素养水平划分

技术意识素养要求	
水平1	能结合个人成长经历和简单的技术体验活动，了解与感知技术与人、自然、社会的关系，形成对人工世界的认识和初步的环境意识；能结合具体案例讨论技术的目的性、规范性、专利性等特性；能结合生活中的技术情境，分析人们进行技术选择的原因；能通过案例分析，了解技术专利申请的过程，理解知识产权在技术领域中的重要性；能结合具体案例，理解技术的文化特性和美学特征。
水平2	能在技术活动的过程中，恰当处理人技关系，形成规范、安全的技术习惯；能结合具体案例的辨析，形成对技术的理性态度和评价；能调查并分析某一具体技术选择、使用、决策过程中的伦理问题；能通过案例辨析，形成抵制侵犯知识产权的意识；能结合具体案例分析，理解技术对历史、社会及环境的影响。
水平3	能结合某一具体技术领域，调查并分析个体及群体的价值观如何促进或阻碍技术的发展，理解技术活动需要综合运用多种知识，并判断其发展趋势；能结合具体技术发展案例，分析其对当前及今后的社会、文化、经济、环境等可能产生的影响；面对熟悉复杂的技术情境，能够较为合理地进行风险评估。

续表

技术意识素养要求	
水平4	能综合各种数据与信息，就某一技术领域对个人、社会、环境的影响作出判断，形成正确的技术观和生态文明观；能在适当的时机参与社会有关技术发展与应用的讨论与决策；能够运用趋势分析等评估技巧，对某一技术的未来发展作出判断；能在技术实践活动中，整合应用人文、科学、社会等多方面知识。
水平5	能综合多个技术领域，调查并分析个体及群体的价值观、伦理规范是如何影响技术发展的；分析并评价一些重要的技术对个人、社会、环境的影响，学会进行技术决策；学会从多元文化的角度评价技术产品，具有一定对技术文化的评价和选择能力，树立牢固的社会主义生态文明观。

工程思维素养要求	
水平1	能通过经历技术设计的一般过程，初步进行设计方案的多因素分析，了解比较、权衡、优化等系统分析的方法；通过常见典型的技术系统案例分析，感知系统和工程现象，理解系统的基本特性，考察并解释输入、过程、输出及各种因素是如何影响系统的，形成初步的工程意识与思维。
水平2	能结合系统设计案例分析，总结归纳出系统设计方法，并能运用系统、结构、流程、控制等原理和系统分析方法，进行简单的技术设计活动，尝试解决技术问题；能确定一个生活或生产中的简单对象，分析影响系统的因素，尝试通过改变输入、过程、输出、反馈和干扰等对系统进行优化设计。
水平3	能就某一具体技术领域中明确的技术问题，运用系统分析的方法，识别技术问题的特性和细节，明确制约条件和各种影响因素，提出可能的解决方案；在进行简单的技术方案设计时，尝试运用模拟试验或数学模型来考虑各种影响因素，并进行决策分析和性能评估。
水平4	能就某一技术领域中较为复杂的问题情境，运用系统分析的方法将任务具体化，形成可能的解决方案，并能不断优化改进；能初步运用简单的模拟试验或数学模型对某一技术方案做出性能和风险评估，发展工程思维。

续表

工程思维素养要求	
水平5	能整合运用科学、技术、数学、工程等方面的知识，综合多个技术领域进行系统分析和方案设计；运用模拟试验或数学模型评价设计方案，通过趋势分析、风险评估等对其进行优化和改进。

创新设计素养要求	
水平1	能通过调查等方式，了解用户特定需求和需要解决的主要技术问题，能借鉴技术设计案例和技术规范尝试制定解决技术问题的单一方案；体验技术设计的一般过程与方法；具有参与技术创新设计的愉悦情感。
水平2	面对熟悉的技术情境，能运用技术语言分析用户特定需求，明确需要解决的技术问题；能根据设计对象和现有条件制定解决技术问题的一个或多个单一方案；能针对某个技术问题解决实例，设计一般的试验方案，撰写试验报告，初步掌握技术设计的一般方法，形成基本的技术设计能力；具有良好的人机观念和亲近技术的情感。
水平3	面对较为复杂的技术情境，能运用人机理论，发现用户的多方面需求及关联性，多角度分析需要解决的技术问题；通过多种渠道搜集与所设计产品有关的各种信息并进行处理，能制定符合一般设计原则和规范的多个方案；能尝试通过技术试验等方式体验技术创新设计的一般方法，形成初步的技术创新设计能力，感受技术设计相关的文化现象。
水平4	能运用用户模型分析方法，提炼用户的独特需求，确认所要解决的特定技术问题；能依据设计需求制定符合一般设计原则和规范的多个方案，并进行初步的比较与权衡；能通过技术试验与技术探究等方法掌握技术创新设计的一般方法，形成一定的创新设计能力；领悟技术创新设计相关文化的丰富内涵。
水平5	能综合运用多种方法，挖掘用户的潜在需求，多视角认识所要解决的技术问题，形成对用户需求和技术问题的敏感性；能运用数学与工程方法进行比较和权衡，在多个方案中选定满足设计要求的最佳方案或改进原有方案；能自行设计技术试验，进行技术探究，熟练运用技术设计与创新的一般方法，结合各自社会文化因素，形成较高的创新设计能力。

图样表达素养要求	
水平1	能结合日常生活情境，体会技术语言的重要性，分析归纳技术语言的种类及其应用；能通过具体实物展示，识读常见的技术图样，如草图、三视图、简单的机械加工图；能用简单的草图表达与交流设计构想。
水平2	能在较为简单的技术设计实践中绘制规范的设计图纸，形成良好的设计习惯；能识读常见的技术图样，如流程图、控制系统方框图，并能表达简单的设计方案；能将简单的设计方案用二维、三维设计软件表现出来。
水平3	能识读机械、电子等技术领域常见的技术图样，如一般的机械加工图和简单的电子电路图等；能用较详细的草图表达设计构想，并使用设计文件、日志等记录设计的创意、过程和结果。
水平4	能识读较为复杂的技术图样，如草图、三视图、机械加工图等；能在熟悉而复杂的问题情境中，用较为复杂的草图，准确表达与交流设计构想；能结合不同技术领域，在较为熟练运用常见技术图样基础上，进行方案的设计；能将简单的设计方案用二维、三维设计软件表现出来，并不断进行优化和改进。
水平5	能面对难度较高的问题情境，用较为复杂的草图，准确表达与交流设计构想；面对复杂情境时，能主动选择与综合运用图样或其他技术语言表达设计构想，形成用技术语言进行思维转换的能力。

物化能力素养要求	
水平1	能根据设计要求选择合适的材料与工具，了解常用材料的属性及加工方法；在材料及其加工过程中，具有基本的安全、环保和质量意识。
水平2	能根据设计要求进行简单的技术试验，对材料进行性能测试，根据材料性能列出用料表；在实施设计方案的过程中，能从环境、经济、社会、质量、美学等方面考虑材料的使用，掌握基本的工具使用方法。
水平3	能结合某一技术领域，掌握一些特殊材料的属性及加工方法，根据方案设计要求选择材料和工具，确定方案实现的时序和工序；能严谨细致地完成模型或产品的成型制作和装配，并对模型或产品进行基本的技术指标测量。

续表

物化能力素养要求	
水平4	能分析设计方案，并根据方案设计要求选择合适的材料，具有初步的工具思维和工匠精神，完成模型或产品的成型制作和装配；能对模型或产品进行基本的技术测试和技术指标测量，撰写简单的技术测试和方案试验的报告。
水平5	能根据方案设计要求综合选择材料和工具，具有一定的材料规划意识和工具思维；能对模型或产品进行基本的技术测试，撰写技术测试和方案试验的报告，并能从效率、形式、流程等方面进行方案的评价与优化，形成精益求精、追求卓越的良好品格。

七、通用技术学业水平考试命题建议

应努力构建纸笔测试与非纸笔测试相结合的学业水平考试体系，在学业质量水平分级的基础上进行科学的测评，同时重视命题情境的设置，探索学科核心素养、学科内容和生活情境三者相互渗透融入的命题技术。

1. 立足课程特征，构建纸笔测试与非纸笔测试相结合的学业水平考试体系

从课程性质来说，通用技术课程是一门强调培养学生手脑并用、知行合一的课程。从课程内容来说，工具的使用、模型的制作、技术试验的实施等可以通过非纸笔测试的方式来考查，而技术知识、思想与方法、加工工艺、技术语言表达等内容则可以通过纸笔测试来考查。因此，通用技术课程学业水平考试应立足课程特征，构建纸笔测试和非纸笔测试相结合的测评体系，以起到良好的引导作用，既避免纯粹的动手操作测评，又避免纯粹的理论测评。通用技术非纸笔测试可以采用项目测评的方式，让学生经历完整的技术设计与制作过程，包括发现与明确问题、制定设计方案、制作模型或原型、优化设计方案、编写技术作品说明书等，还可探索在线技能测试、实物作品远程评定、操作技能现场考核等方式。

通用技术项目制作测评量表

测评内容	学科核心素养	观测指标	学科核心素养水平层次
准备材料和工具	物化能力	材料的选择和测试	水平1：能根据设计要求选择合适的材料，感官检测材料性能。 水平2：能根据设计要求进行简单的材料性能测试，根据材料性能列出用料表。 水平3：能根据设计要求，结合某一技术领域，选择所需的特殊材料，并能进行性能测试。
		工具的选择和安全检查	水平1：能根据材料选择合适工具，感官检测工具性能。 水平2：能根据材料性能和加工需要，对工具进行性能测试。 水平3：能结合所熟悉的某一技术领域选择专用材料加工工具。
依图下料与部件加工	图样表达	绘制下料图	水平1：能通过具体实物展示，说明下料构想，对材料使用进行初步多因素分析。 水平2：绘制出规范的下料图纸，对材料使用进行系统分析。
	物化能力	工具使用和部件加工	水平1：了解工具的使用方法及加工安全注意事项。 水平2：掌握基本的工具使用和部件加工方法，主动规避安全事故。
组装	物化能力	组装工序	水平1：能口头说明组装工序安排。 水平2：初步确定基础的组装工序，借助文字表达。 水平3：确定工序和注意事项，能够通过图形清晰解释。
		匹配问题的处理	水平1：能针对出现的问题选择解决方案。 水平2：能依据设计要求，从环境、经济、社会、美学等方面考虑问题的处理方法。

2. 基于课程标准，设计学业水平考试框架

核心素养指向的测评应以学科核心素养为主线，选择真实情境，以学科内容为载体，依托具体任务或问题进行。学科核心素养的水平应根据学生在复杂现实情境中参与相应活动、解决问题过程中的外在表现来测评。通用技术学业水平考试中考查指标的建立，应在学科核心素养水平等级和学业质量水平等级的基础上，根据符合课程目标，反映素养本质特征，体现可测易测且相对完备独立的原则，对学科核心素养进行进一步的分解。确定考查指标之后，还需要对每个指标的层次水平进行划分，制定相应的评分标准。依据评分标准，通过考查可以判断学生具备了核心素养的哪些方面，并处于什么样的水平。

在内容设计上，应重视技术设计和技术试验，技术设计是通用技术课程的基础内容，技术设计学习是通用技术课程的主要特征之一。对技术设计的考查，应从设计分析、设计方案的提出、设计方案的比较、工艺的选择、设计产品的评价等不同的角度进行。技术试验是学生进行技术学习的重要方法。因此，在通用技术考试的内容上应重视对技术试验的考查，从试验方案设计、试验过程分析、试验结果分析、试验报告撰写等不同的角度来进行考查。

学业水平考试框架的设计，还应开发考查核心素养的多样化的题型。根据所考查的素养，可以有案例分析题、作品评价题、技术操作题、技术试验题、读图作图题、技术设计题等。案例分析题和作品评价题一般注重以学生的生活实际为切入点，将需要解决或完善的技术问题置于真实情境之中，主要考查技术意识、工程思维等学科核心素养。技术操作题和技术试验题主要考查物化能力，技术操作题主要考查学生对工艺、工具的选择或制作分析等的能力，技术试验题主要考查学生设计试验方案或对已有的试验结果进行分析的能力。读图作图题主要考查技术图样表达素养，考查学生应用技术图样表达设计思想、传递设计信息、交流创新构思的能力。技术设计题主要考查创新设计素养，一般可以让学生完成范围较小、条件和要求比较明确的设计任务，除了对外形的要求外，还可以对材料、结构、连接方式、制作工艺等

有适当的要求。在设计题型时，还需要注意试题的开放性。技术领域的问题往往具有多种答案，故通用技术学业水平考试中应有一定比例的开放性试题。

3. 应积极探索与学科核心素养、学科内容和生活情境相统一的命题技术

通用技术学业水平考试命题应以素养为导向，注重核心素养、学科内容和生活情境三者之间有机地统一和融合。例如，对物化能力的测评，应当从“工具论”的技术观走向“整体论”的技术观指导下的测评。从题目的设计来说，不是简单地从工具选择、模型制作来考查物化能力，而是在技术结构整体把握、技术大概念整合的基础上考查。核心素养导向的命题应注重设置真实、多变、开放且生活化的情境，情境材料的选择和情境的设置应服务于素养考查。情境材料的选择需要考虑试题期望考查的素养目标、涉及的内容领域以及考生对材料的理解能力。学科核心素养考查的情境材料可以有基于技术设计和实践活动过程，密切联系社会生活和工农业生产以及反映科技前沿和设计前沿等类型。

通用技术课程内容是与日常生活和生产紧密相连的，因此，学科核心素养的考查应注重与学生的生活相联系，与社会生活、工农业生产相联系。通用技术课程强调在紧密联系学生生活实际的同时，努力反映先进技术，注意从学生现实生活所接触的技术内容向现代技术和高新技术延伸，因此，在试题情境材料来源上应考虑能反映科技前沿和设计前沿的载体。从试卷的整体设计来说，应考虑选用上述不同类型的情境材料，避免情境材料的单一化，以利于多角度考查学生的学科核心素养。在情境设置时，呈现情境材料的方式应多样化，应充分利用技术图样的丰富性，采用草图、三视图、轴测图、坐标图、流程图、系统框图等图形语言，发挥学生作品、产品实物、工具实物、学生操作等的作用。

核心素养导向的命题应注重在问题解决过程中反映素养水平，强调用所学的知识解决真实的、复杂的、多变的问题。这种问题解决，

是超越知识、技能的思维、方法的整合。命题应注意问题的典型性、拓展性和开放性，因此还应重视试题的设问和主观题的评分。适当的设问意味着设问应符合设置的情境，且指向所要考查的目标。通用技术考试中的主观题往往以操作型、表现型为主，命题中应以学科核心素养水平等级、学业质量水平等级的考查评价指标和标准为基础，选用合适的评分法开发基本评分量表。

八、以学业质量水平等级为依据的通用技术考试评价题例分析

<table>
<tr><td rowspan="4">试题命制说明</td><td rowspan="2">学业质量水平</td><td>水平</td><td>质量水平一级</td></tr>
<tr><td>质量描述</td><td>能举例说明技术语言的种类及其应用；能识读常见的技术图样，如简单的机械加工图、电子线路图；能绘制简单的三视图，会用手工和计算机软件等方式绘制简单的草图表达设计构想。</td></tr>
<tr><td colspan="2">创新点</td><td>生活中，很多学生都曾搭过积木，这种几何体让学生审题时有一种亲切感，比较容易进入试题情境。同时，几何体打破以单个物体观察视图的模式，增强学生辨识试图的能力。</td></tr>
<tr><td colspan="2">材料来源</td><td>三视图练习题</td></tr>
<tr><td>试题</td><td colspan="3">读图作图题：（6分）
如图是由若干个小正方体搭成的几何体，试画出该几何体的主视图、俯视图和左视图。
 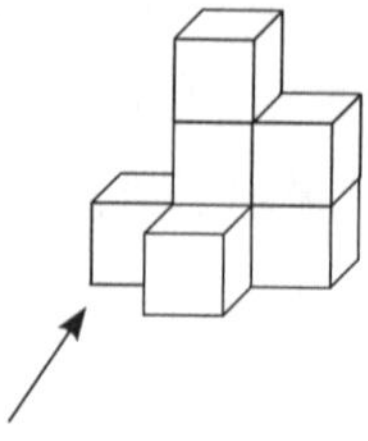
主视</td></tr>
</table>

续表

<table>
<tr><td>参考答案及评价标准</td><td>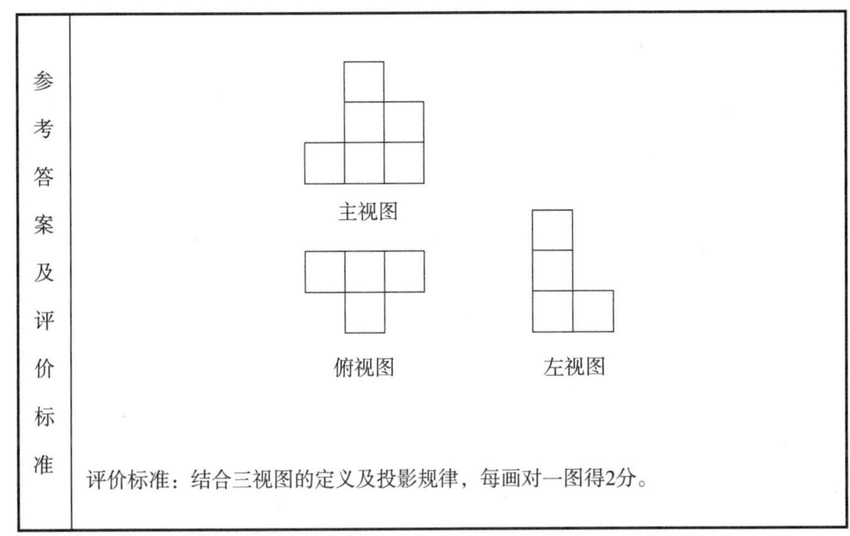

评价标准：结合三视图的定义及投影规律，每画对一图得2分。</td></tr>
</table>

<table>
<tr><td rowspan="4">试题命制说明</td><td rowspan="2">学业质量水平</td><td>水平</td><td>质量水平二级</td></tr>
<tr><td>质量描述</td><td>能结合生活中的技术案例，说明技术领域中结构、流程、系统和控制的基本理念、基本原理，能运用系统分析方法分析技术问题。能进行简单的结构设计，并绘制设计图纸，做出模型或原型。会阅读和绘制简单的流程图。能运用手工绘图工具绘制结构图、流程图、控制系统方框图等，表达简单的设计方案。掌握常见工具的使用及简单的加工工艺，并对作品进行技术试验及方案优化。</td></tr>
<tr><td colspan="2">创新点</td><td>学生在夜晚学习时经常会用到台灯，市场上售卖的台灯更是五花八门，如何才能选择到一款既实用又实惠的台灯是学生们经常讨论的话题，如果能自己设计并动手制作一款属于自己的台灯那应该是最好不过了，通用技术的学习恰恰赋予了学生们满足创造欲望的机会。</td></tr>
<tr><td colspan="2">材料来源</td><td>泉州市2010年普通高中通用技术课程学业水平测试试卷</td></tr>
</table>

续表

<table>
<tr><td>试题</td><td>技术设计题：（25分）
某班学生在学习了通用技术课程后，想尝试设计并制作一盏适合自己使用的台灯。班里几名爱好创新设计的同学组成小组，在课余时间利用学校的通用技术教室，开始了台灯的设计和制作。
1.如果你是小组成员，你在对台灯进行设计时主要会考虑哪几方面的因素？（5分）
2.请画出一种台灯的设计草图，并做文字说明。（5分）
3.请列出制作台灯的标准件及工具（各举2个或2个以上例子）。（6分）
4.台灯的制作一般可分为准备材料、做灯罩、做底座、组装、调试等环节，请你画出制作台灯的流程方框图。（5分）
5.台灯制作完成后，要进行有关的技术测试，你是从哪几方面对台灯进行测试的？（4分）</td></tr>
<tr><td>参考答案及评价标准</td><td>1.主要从人、物、环境三个方面考虑。由于高中生学习任务重，经常要挑灯夜战，同时长时间用眼过多，容易造成视力伤害。因此，一款既要照明好又能保护好眼睛的台灯更适合学生学习使用。在设计台灯时应注意：在功能上，要具有保护视力、光线柔和、散热性能好、绝缘性能好、耐用等特点；在造型上，台灯的形状、色彩和质地要符合高中生的心理特点；在结构上，制作的台灯应尽量降低重心，保持美观的同时要有足够的稳定性，体积要小巧，以减少占用桌面的面积；所用的材料要环保、可重复利用，既要适合高中生学习使用又要有利于保护学生的眼睛，有利于身体健康。（5分）
2.文字说明：如图，底座为薄木板做成的木盒；灯罩用薄铁皮做成；支撑杆为金属蛇皮管；调控亮度的开关在底座的右下方。（5分）
3.标准件有螺丝、螺帽等。所用工具有手锯、木工锯、尖嘴钳、剪刀、角尺、卷尺等。（6分）
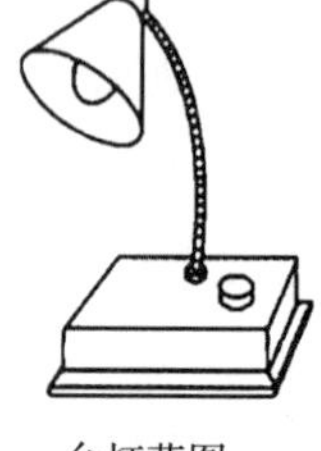
台灯草图</td></tr>
</table>

续表

<table>
<tr><td>参考答案及评价标准</td><td>4.制作台灯的流程方框图如下：（5分）
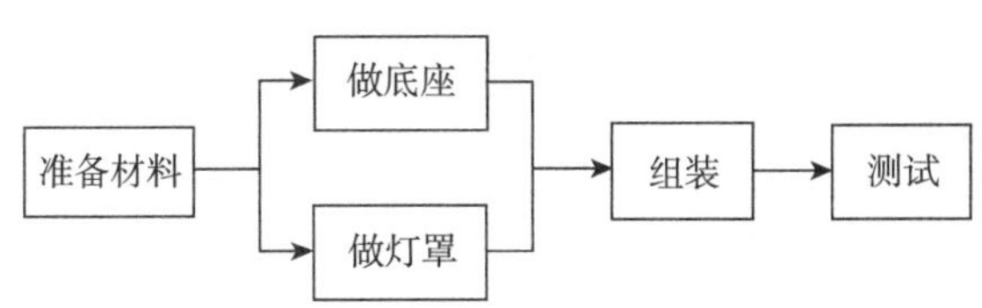

5.主要通过光照度和反光性的试验来测试台灯的照明效果，通过稳定性试验来测试台灯的结构是否合理，通过材料绝缘试验来测试台灯的安全性能是否达到要求。（4分）
评价标准：结合设计分析，方案呈现，工艺，流程，技术测试，方案优化等相关内容，每答对1题赋相应的分数。</td></tr>
</table>

<table>
<tr><td rowspan="4">试题命制说明</td><td rowspan="2">学业质量水平</td><td>水平</td><td>质量水平二级</td></tr>
<tr><td>质量描述</td><td>能结合生活中的技术案例，说明技术领域中结构、流程、系统和控制的基本概念和基本原理。能通过案例说明手动控制、自动控制、智能控制的特点，阐述简单的开环控制系统和闭环控制系统的基本组成和工作过程，理解其中控制器、执行器等的作用。</td></tr>
<tr><td colspan="2">创新点</td><td>音乐喷泉是集美感和音乐于一体的一种现代的生活休闲娱乐设施，试题选材贴近学生生活，能营造良好的试题情境，把物理、音乐、计算机、通用技术等学科知识加以融合，并应用于生活，服务于生活。</td></tr>
<tr><td colspan="2">材料来源</td><td>2019高二下学期太原期中考试试卷</td></tr>
<tr><td>试题</td><td colspan="3">简答题：
音乐喷泉是控制技术的一种具体应用，其工作原理是由“声—电转换装置”将音频信号转换成电频信号，电频信号通过变频器控制水泵，使水泵的压力随音乐的节奏变化而变化。根据播放的音乐来控制水柱，达到与音乐同步的效果。请根据以上描述回答下列问题：（6分）
1.音乐喷泉控制系统是开环控制还是闭环控制？
2.该控制系统的输入信号和输出信号分别是什么？
3.从控制系统组成的角度，分析“声—电转换装置”在控制系统中起什么作用？</td></tr>
</table>

续表

参考答案及评价标准	1.开环控制系统。 2.音乐的音频信号、变频器频率。 3.控制器的控制作用。 评价标准：结合开环控制、闭环控制、系统设计相关内容，每答对1题得2分。

多一把评价的尺子，多一批优秀的学生。在科学技术迅猛发展的21世纪，一个人要想达到优秀和取得成功，仅仅有高智商是不够的，还需要有良好的科技创新意识、动手实践能力和人生规划能力，这些素质从考试分数上是反映不了的。不以分数作为评价学生的唯一标准，首先意味着要改变应试教育的评价观，树立与时代相适应的多元化评价观。随着社会分工越来越细，科技的发展越来越快速，掌握先进技术的人将成为社会发展的主导力量。每个人心里都住着一个属于自己的冠军，我们应引导、挖掘、激发孩子身上的亮点。“五育并举，技术赋能”，只要学生任何一个方面有突出表现，教师都应及时予以肯定。

第十三章　通用技术选择性必修模块教学

吉林省目前只开设通用技术课程的两个必修模块。选择性必修和选修模块根据学校的实际情况，可以从中选择适合的内容进行教学，此类课程学校一般会以校本课的形式呈现。以下仅选取学校开设过的课程进行简要介绍。

一、服装及其设计

服装是人们用来保护自己、装饰自己的技术产品，反映着时代的文化特征、审美情趣和人们的生活质量。本模块旨在促进学生感知日常生活中技术的丰富性，使其进一步理解与运用技术思想和方法，感受服装设计所蕴含的文化艺术，加深学生对技术人文性的领悟。

本模块由“服装与文化”“服装与材料”“服装与结构”“服装与制作”四个单元组成。

（一）内容要求

1. 通过案例分析和服装赏析，举例说明服装的基本性质、主要分类、功能及特点，理解服装与社会发展及文化的关系。

2. 阐述服装设计的基本理念、基本要素以及色彩搭配的基本原理。通过一款服装的设计实践，掌握服装设计的一般方法。

3. 比较和分析常用服装材料的种类、特点和性能，用简易方法鉴别常用服装面料，并通过技术探究活动分析服装材料与科学、技术的关系。

4. 理解服装造型设计的含义及服装造型与材料的关系，并为自己设计的服装选择合适的面料。

5. 说明人体结构、比例与服装的关系，掌握生活中一般的着装原则。利用计算机软件演示服装搭配效果，并进行分析与评价。

6. 应用手工或简单的计算机绘图软件，绘制服装设计效果图、款式图，独立完成主题服装的设计。

7. 识别服装结构制图的主要线条与符号，掌握服装结构制图及裁剪的一般原理和方法，运用手工或计算机进行一般式样服装结构制图和用料核算。

8. 通过服装的制作实践，掌握常见手缝、机缝的操作方法，进行一般式样服装的缝制。

9. 通过展示、欣赏并评价有特色、有创意的优秀服装设计作品，提高审美能力，发展创新意识。

（二）教学提示

1. 教学策略提示

可采取小组合作的方式进行教学，如收集服装材料发展的信息以及目前市场流行服装的面料，将不同时期服装材料的变化对服装的影响制作成幻灯片进行展示、讨论和交流，使学生对服装材料有更直观的认识；可采用多媒体教学手段辅助学生学习，如利用视频或图片展示我国有代表性的少数民族服装，讨论民族服装在材料、款式、色彩与工艺方面所表现出的主要特点，说明这些特点形成的主要原因（如生产方式、生活方式、宗教信仰、风俗习惯以及审美观念等的影响）；可通过服装表演的形式引导学生自主获取知识，理解技术与文化的关系，如理解中式和西式服装、本地与其他地区服装的不同特点及不同地区的社会文化对服装的影响；可以小组为单位进行小实践，用纸或布料在卡纸上制作具有文化元素的半立体服装小样，并说明其体现的文化元素，也可相互测量身体尺寸，通过讨论交流使学生了解自己的体型特征，并通过亲身实践，为自己或同伴设计一款服装；可采取专题研究的方式组织学生学习，如分组针对本校的校服展开研究，分析服装结构与穿着效果的关系，分析服装材料与穿着舒适度的关系，分析色彩、图案及配饰与学校文化的融合，理解服装文化的内涵等，进而理解服装设计的过程与方法，提升设计能力。

2. 项目任务提示

可选择“校服的改进与优化设计”“夏季奥运会志愿者文化衫的设计与制作”“科技节的特色服饰设计”“民族文化遗产服饰的设计与制作”等项目。也可选择具有班级特色或特定技术与文化专题的服装设计项目，如以民族文化为元素，确定各小组的设计主题，制作成衣进行展示（材料可以是纸、布料或旧衣服）。也可开展“传承技艺”

体验活动，学生分组动手制作，利用蓝靛植物染料对成衣或布料进行图案设计及染色，记录制作过程并展示交流。

3. 教学装备提示

（1）本模块的教学应在专用教室进行，可通过展示服装挂图、服装材料、服装样品、历年学生的创新作品等方式营造技术学习氛围，空间可以划分为设计学习讨论区、技术操作区和展示区等。

（2）专用教室应配置多媒体教学设备及服装设计软件，创设网络学习环境；配备一定数量和不同型号的打版尺、软尺、大小人台、蒸汽熨斗、平缝机、熨烫台等工具和设备，配备数量充足的不同材质的服装面料。

（3）专用教室可配置激光切割机和热转印烫画机，让学生体验新技术在服装设计与制作中的应用。

（三）学业要求

通过本模块的学习，学生能阐述服装的基本性质、主要分类、功能及特点，并通过案例说明服装与材料、服装与社会发展及文化的关系；能通过一款服装的设计实践，掌握服装设计的一般方法，理解服装设计的基本理念和基本要素；初步学会简单服装的造型设计，能用服装结构制图表达服装设计意图；能用服装设计软件或平台进行信息收集和服装设计；能分析特定对象体型特征、社会角色特征和所处环境特征，进行生活中的着装设计及评价；能设计简单的个性化服装，提高审美、造型能力，增强创新意识。

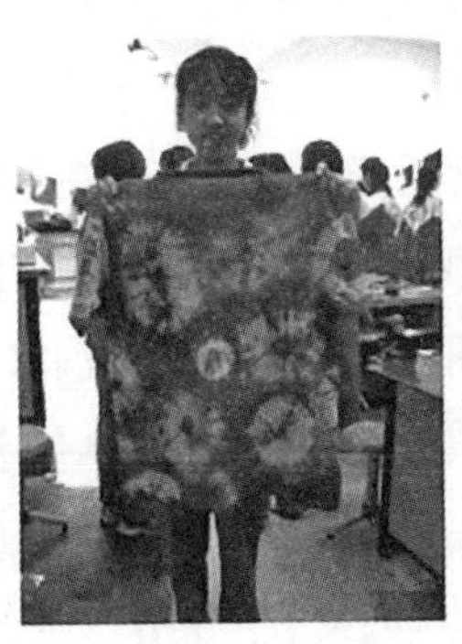

东北师大附中学生的服装设计学习

二、电子控制技术

电子控制技术是以控制系统的思想和方法为基础，运用电子电路实现信号采集、处理和驱动执行的技术。本模块为学生提供了学习设计和制作电子控制系统的知识与技能，以及接触和尝试解决更为有趣、更为丰富的技术与工程问题的机会，为其适应未来生活和高校专业学习奠定基础。

本模块由“电子控制概述”“模拟电路与数字电路”“传感器与继电器”“电子控制系统”四个单元组成。

（一）内容要求

1. 感知生产和生活中电子控制产品应用的广泛性，形成对电子控制技术应用价值的认识，理解电子控制技术对人类和社会生活的影响。

2. 安装简单的电子控制装置，掌握识读电子电路图的基本方法。辨别和检测常用电子元器件。说明电子电路焊接技术的发展趋势，熟悉常见焊接工具及辅助材料的特点，掌握一种焊接方法。

3. 尝试测量电子控制装置中的信号，了解模拟信号和数字信号的特性，知道数字信号中“1”和“0”的含义。阐述模拟信号和数字信号各自的优点和局限性，了解模拟信号和数字信号相互转换的原理。

4. 知道晶体二极管和晶体三极管的结构和类型，分析晶体二极管基本应用电路。知道简单的晶体三极管共发射极放大电路的组成和工作原理，识读晶体三极管的特性曲线，掌握晶体三极管在模拟电路中的运用。

5. 举例说明晶体三极管的开关特性及其在数字电路中的应用，了解常见的数字集成电路的类型，用数字集成电路组装简单的实用电路。

6. 阐述与门、或门、非门、与非门和或非门等基本逻辑门的逻辑关系，分析简单的组合逻辑电路，会填写真值表，画出波形图，并使用软件对电路进行仿真试验。

7. 举例说明传感器的发展趋势，知道传感器的作用及其应用，认识常见的传感器，用万用表检测传感器。

8. 知道继电器的作用和分类，了解常见的直流电磁继电器的构造、规格和工作原理，学会直流电磁继电器的使用方法。

9. 描述电子控制系统的基本组成，用方框图分析常见的电子控制系统的工作过程。

10. 应用功能电路设计开环电子控制系统和简单的闭环电子控制系统，并进行安装、调试和改进。

（二）教学提示

1. 教学策略提示

可通过实地观察、调查、咨询、查阅产品说明书或有关技术资料等多种形式，了解电子控制技术在生活、生产、国防等方面的应用；可通过安装电子控制装置的操作体验，理解电子控制系统的工作过程，感受电子电路中信号的变化，加深对电子元器件的认识，提高工艺水平和工程意识；可借助“功能电路示教板”探讨晶体三极管电流放大作用和开关特性，强化运用技术图样交流设计构想的能力；以 2–3 人组成一个学习小组，在教师指导下利用电子试验板或电路试验箱搭建简单的电子功能电路，通过组内协作和组间交流，排除所搭建的电路中出现的问题，强化系统分析的能力和交流合作的意识；可使用电子电路计算机辅助分析和设计软件，对三极管放大电路、组合逻辑电路等进行试验，加深对电子电路工作原理的理解，体会硬件设计软件化的发展趋势。

2. 项目任务提示

可选择安装“延时灯”“无线话筒”“光控变调音响器”“稳压电源”等简单的电子控制装置；可在电子试验板上搭建“电子门铃电路”“旋转彩灯电路”“定时电路”“密码锁电路”等简易、有趣的电路；可分组开展“家用电器自动控制功能解密”“教室的安全报警器”“水族箱自动投食装置”“住宅公用走道路灯控制”等与家庭生活、校园生活密切相关的电子控制技术调查任务；可根据城市、乡镇不同的特点，选择“农村恒温大棚”“病虫害声光报警系统”“超温报警系统”“水位自动控制系统”等电子控制系统的设计项目。

3. 教学装备提示

（1）本模块的教学应在专用教室开展，通过配置挂图、电子产品演示模型、电子示教板等方式营造专用教室技术学习氛围。

（2）专用教室应配备符合安全规范的电子操作台、焊接工作台和必要的电子元器件等材料，配置常见继电器认知与应用套件、晶体三极管开关特性试验套件等，配置典型电子控制技术案例演示模型，配置一定数量的电子电路搭接实验箱，配置符合安全规范的电源和电子电工工具箱，配置展示不同信号处理功能的挂图和模型示教板。

（3）专用教室可配备导电胶带、导电橡胶、导电黏合剂、导电墨水笔等新型导电材料，让学生进行体验和探究。

（4）配置常用医护急救箱，注意操作实践安全，加强学生安全与健康的防护。

（三）学业要求

通过本模块的学习，学生对电子控制系统有初步的理解，能说明电子控制系统中输入环节、控制环节、输出执行环节的作用与联系，能用方框图描述系统的组成和工作过程；能识读简单的电路原理图，选择和检测电路所需的电子元器件，并安装和调试电子电路；能判断晶体二极管和晶体三极管简单工作电路的类型，根据电路图或模型说明电路实现的功能，并分析其工作特点；能举例说明传感器的作用，并根据外界物理信号的特点选择合适的传感器；能用万用表检测常见的传感器和直流继电器；能用真值表和波形图解释简单组合逻辑门电路的功能；能用数字集成电路搭建和调试简单的实用电路装置；能根据设计要求，应用功能电路设计、安装和调试电子控制系统。

【以上内容来源于《普通高中通用技术课程标准（2017 年版）》】

第十四章　通用技术选修模块教学

一、传统工艺及其实践

传统工艺是人类长期以来采用特定工具与方法进行手工制作的经验凝练和积淀，体现了技术与艺术的有机结合，融入了丰富的历史与文化元素，是技术实践体系的重要组成部分。本模块旨在帮助学生了解传统工艺的一般知识，经历传统工艺的项目制作与探究的实践体验，领略传统工艺的文化意蕴和技术特征，培育工匠精神。

本模块由“纸造型工艺”“泥、石造型工艺”“金属造型工艺”“布造型工艺”“木造型工艺”“琉璃、塑料造型工艺”六个单元组成，可根据需要选择上述相关内容进行教学实践。

（一）内容要求

1. 描述传统工艺的发展历程和主要门类，阐述传统工艺的技术特征，理解传统工艺与技术的关系。

2. 运用自己搜集和整理的资料，说明某区域民间传统工艺的特点与技能、风土人情、文化价值，理解工艺大师、优秀匠人的人生追求和工匠精神。

3. 举例说明非物质文化遗产的传承与发扬路径，尝试从工匠的视角审视并实践传统工艺；对一些传统工艺技术、传统工艺作品进行评价和鉴赏。

4. 理解传统工艺成果的实现需要综合应用多种知识，需要处理好技术与科学、艺术、道德、民俗等方面的关系。

5. 调查走访当地的工艺传人和工艺大师，说明当地传统工艺的特色和技术要素，并进行相应的技术探究与工艺分析。

6. 在以下项目中选择一项传统工艺进行实践。

了解纸造型工艺的工艺特点、结构功能、主要价值和物化实现的方式。知道纸造型工艺中的造纸、印刷、纸塑造型、纸平面广告设计、纸包装设计等传统技术的历史发展、市场应用、设计原理及传统技术方法。手工设计与制作一个纸质工艺作品。

了解泥、石造型工艺的工艺特点、功能用途及物化实现的策略与技术方法。知道相关泥塑、陶瓷、印章、雕塑等传统工艺的历史发展、社会应用、经济价值及设计与制作的一般技术方法。使用专业工具及设备进行简单的雕塑和雕刻，如泥塑、制陶、刻印、石雕等。

了解金属造型工艺的工艺特点，知道金属加工的材料属性、基本原理与技术方法。了解金属造型工艺的市场价值与人文价值，知道金属造型工艺中矿产开采、冶炼、模具浇铸、锻造、焊接、切割、常规机械加工、手工金属加工等技术中的一般技术方法，并选择1—2种加以实践。

了解布造型工艺的工艺特点、面料成分与分类，了解布艺作品的种类及其市场价值与人文价值。知道布造型中纺纱、织布、印染、面料蜡染、扎染、刺绣、纱线绳编结、编织等传统工艺的历史发展与工艺特点，知道布造型工艺设计与制作的一般原理和方法，设计与制作简单的蜡染、扎染、编结、编织等方面的作品。

了解木造型工艺的工艺特点，木产品的结构、功能及市场价值与人文价值。了解常见木材种类及其生长特点。描述原木加工、复合板材加工技术、木质工艺品、油漆工艺技术等传统工艺的发展历史、设计原理。运用传统木工技术、木结构连接技术以及设计、画图、画线、锯割、凿削、锉削、磨制等技术方法，制作一件木制品。

了解琉璃、塑料造型工艺的工艺特点、结构设计原理、功能作用及物化实现的途径。知道琉璃造型工艺中石英晶体烧制、染色、模具浇铸成形、人工吹制等技术，知道塑料造型工艺中化工粒子熔制、染色、模具浇铸成形等技术。使用常用的玻璃或塑料工具制作1—2件生活用品或工艺品。

7. 通过技术探究或技术试验活动，探究现代技术与传统工艺相结合的实践途径。

（二）教学提示

1. 教学策略提示

结合当地经济、文化、产业技术发展，从“纸造型工艺”“泥、石造型工艺”“金属造型工艺”“布造型工艺”“木造型工艺”“琉璃、塑料造型工艺”六个传统工艺中选择可实施的内容进行教学实践。在教学中，选择相关的技术案例，精心设计开放性的实践活动，如“身边的包装”“中国独有的印”“走进民间染织”“斗拱结构设计探究”“手工琉璃艺术造型技法”等，让学生在经历项目探究、具体实践基础上，体验、感悟技术与创造力的开发。强调学生通过亲身体验，自主选择相关载体内容，使用相关工具、设备、材料，制作较为简单的传统工艺作品。采用小组合作、拜师学艺和校企合作等教学形式，鼓励学生运用创新思维，对传统工艺技术作品进行改进和革新。

2. 项目任务提示

应创设传统工艺技术的文化氛围，展示相关传统工艺的门类，选择相关传统工艺项目进行实践，如“纸板包装的设计与制作”“捏塑陶器”“刻一个篆刻印章”“刻一个简单的木雕”“编一些中国结”“金工制作一个小铁锤或多功能扳手”“制作一个诸葛锁或笔筒”“缝制一个布包或小玩偶”“制作一个玻璃或塑料的实用品”。还可以选择一些体现传统与现代工艺结合的、强调设计和创新的项目，如制作紫砂壶、泥人、铁艺花架、诸葛连弩、玻璃花瓶等。

3. 教学装备提示

（1）本模块的教学应在专用教室展开，专用教室空间上可以规划设计为设计区、加工制作区、成果交流展示区，应配备多媒体教学条件和资源，空间上应布置传统工艺技术宣传挂图等。

（2）配置传统工艺相关设备与工具，可配置金属类加工所需的车、铣、刨、钻等微型机床及锤、剪、锉、钻、锯等通用金工工具；配置木质材料加工所需的刨、锯、凿、锉、磨等手动和电动工具；配置布类加工所需的剪刀、尺子、画笔、电动缝纫机、线、绳等工具、设备和材料；配置泥、石类加工所需的雕刻刀、制陶机等相关设备工具；配置纸质类加工所需的笔、尺、剪刀、美工刀、颜料、胶水、彩纸等工具材料。

（3）配置足够数量的防护用具，如工作服、护目镜、手套等。

（三）学业要求

通过本模块的学习，学生能知道传统工艺的门类，能举例说明传统工艺的发展历史，辨析传统工艺的技术要素，评述传统工艺的文化意义；能恰当地选择某项传统工艺进行学习，列举该项传统工艺在历史发展中对人类文明和生产力发展的贡献，如造纸、印刷、冶炼、制陶、建筑、交通等；能依据传统工艺项目中的某些具体技术问题进行技术分析与探究；能就自己设计的作品进行图形绘制、工具与材料准备、加工流程规划，并按相关技术要领和工艺加工要求，完成作品制作；能对所制作的工艺作品进行简易测试，并加以优化；能使用图库和从网上下载合适的资源，开阔工艺作品认识的视野，优化自己的工艺作品的设计与制作；学会从物化实现的生成形式、运用效率、功能实现、市场价值、继承创新等方面进行评价。

东北师大附中学生制作的陶笛

东北师大附中学生的服装扎染，桥梁、房屋等作品

二、现代农业技术专题

现代农业技术是现代技术的重要组成部分，与人们的生活息息相关。通过本模块学习，学生能了解现代农业的含义与主要特征，能设计和开展相关农业技术实践活动，丰富劳动体验，提高科学生产技能，增强热爱农业、热爱农村、热爱农民的情感。

本模块由“绿色食品”“品种资源的保护和引种”“无土栽培”“动物营养与饲料”“病虫害预测及综合治理”“农产品营销”六个单元组成。

（一）内容要求

1. 说明现代农业的含义、特点、类型，理解现代农业技术对人类生活和生态环境的影响以及生态环境与农业可持续发展的关系。

2. 理解现代农业的技术特征、要素构成及发展趋向，举例说明农业科技对现代农业发展的引领支撑作用。

3. 了解无公害农业的含义及相关概念，初步掌握绿色食品生产、加工的技术标准，能选择 1—2 种当地主要的食品栽培品种，严格按绿色食品的生产加工技术标准进行栽培试验。

4. 说明品种资源保护的意义、品种资源的种类及保护措施，理解生态条件与引种的关系，根据当地的生态条件选择需要引进的品种，了解区域试验的一般过程和方法。

5. 说明设施农业的概念、特征及类型，认识无土栽培常规设施，初步掌握无土栽培过程中的水、肥管理及病虫害防治等技术。

6. 了解动物营养、饲料原料、营养需要与饲养标准，为当地主要饲养或养殖动物制定不同生长阶段的饲料选择方案，并选择一种动物进行饲养和养殖对比试验。

7. 结合实例说明病虫害的发生规律及病虫害防治的意义和原则，初步掌握病虫害预测、预报的基本方法；制定体现环保要求的病虫害综合治理方案；掌握几种当地主要病虫害的生物防治、化学防治、物理机械防治方法。

8. 举例说明农产品营销的概念、作用、现状和主要渠道，掌握农产品营销的操作方法和基本技能，并根据当地市场的基本条件和农产品的特点进行农产品的网络营销。

9. 阐述农业信息化的概念与要素，理解农业信息对现代化农业发展的贡献。

10. 阐述乡村振兴战略的概念、含义及要求，理解现代农业与乡村振兴战略的关系。

（二）教学提示

1. 教学策略提示

教学中应充分根据当地农业特点和学习条件进行教学安排；可通过当地现代农业资源情况的相关视频、图片及资料的展示，结合日常生活的实例进行讲解，使学生理解现代农业技术与日常生活的关系，激发学习现代农业技术的兴趣；教学中不仅要关注技能教学，而且要关注技术试验方法与思维能力培养等。

2. 项目任务提示

所列出的六个现代农业技术专题，学校可根据实际情况选择其中两个专题来实施，具体的项目载体也可以根据学生的兴趣、教学条件或当地的资源加以选择。如无土栽培的品种可以在蔬菜、花卉的地方品种和改良品种中选择，病虫害主题的项目也可以在蔬菜、花卉、果树或其他林木中选择。

3. 教学装备提示

（1）本模块的教学可在当地现代农业技术基地进行，应配备现代农业相关设备、工具及种植区域。

（2）有条件的学校可建设物联网控制的现代农业大棚和室外种植园。

（三）学业要求

通过本模块的学习，学生能阐述现代农业的含义与主要特征，理解物质条件、科学技术、产业体系、经营形式和新型农民等与现代农业的关系；能按照高产、优质、高效、生态、安全的要求，设计和开展种子种苗、设施化栽培、工厂化立体种养、节水灌溉、无公害生产等技术实践活动，丰富劳动体验，提高科学生产技能，增强热爱农业、热爱农村、热爱农民的情感。

【以上内容来源于《普通高中通用技术课程标准（2017年版）》】

第十五章　通用技术课堂观察

实施课堂观察是提高通用技术教学效率的有效途径。课堂观察是研究课堂教学广泛使用的一种方法，是研究者或观察者带着明确的目的，凭借自身感官以及有关辅助工具，直接或间接从课堂情境中收集资料，并依据资料作相应研究的一种教育科学研究方法。通用技术课堂有自身的教学特色，观察视角及方法也与其他学科有不同之处，但目的都是一样的，即通过课堂观察使授课者发现问题，弥补不足，从而不断提高课堂教学效率。

一、课堂观察的内涵

随着课程改革的不断深入，课堂教学研究也逐渐兴起，课堂观察作为研究课堂教学的一种方法受到学界的关注与中小学教师的青睐，目前已发展成较为普遍的教学研究方法，具体可从以下方面加以理解。

课堂观察是课堂教学评价的客观依据。课堂观察是在课堂教学评价的基础上发展而来的，目的和作用是相同的。联系课堂教学评价体系表可发现，大量数据来源要依靠课堂观察来实现。课堂观察是研究课堂教学的方法，它将研究的问题具体化为观察点，将课堂中连续性的事件拆解为一个个时间单元，将课堂中复杂的情景拆解为一个个空间单元。透过观察点，对一个个单元进行定格、扫描、搜索等，记录相关信息，再对观察结果进行分析、研究，以此改善教师的教学，促进学生的学习。

课堂观察需要团队协作，课堂观察由选择观察对象、确定观察行为、记录观察情况、处理观察信息、呈现观察结果等一系列不同阶段的不同行为构成，每一个过程都是团队成员多向互动的过程。

课堂观察的基本步骤包括：课堂观察前的准备，确定观察的目的和规划；课堂观察，进入课堂及记录资料；课堂观察后的工作，资料的分析和结果的呈现。

二、基于学科核心素养的通用技术课堂观察

通用技术以提高学生的学科核心素养为主旨，是高中学生的必修课程。课程面向全体学生，为每一个学生拓展技术教育学习经历，行使受教育权利提供机会和条件。充分考虑到高中学生在兴趣、生活经历、地域特征、文化背景等方面的差异，在课程、教材、教学及其评价等方面鼓励多样性和选择性，以满足不同学生的不同需要，促使学生的个性发展。强调在学习中学生技能的形成、思想方法的掌握和文化的领悟三者之间的统一，注重在拓展学生技术能力的同时，促进学生共通能力的发展。

通用技术学科核心素养的五大要素为：技术意识、工程思维、创新设计、图样表达、物化能力。结合学科核心素养，教学中应从如下几方面着手。

（一）注重学生实践能力的培养和创造潜能的开发

高中学生正处于创造力发展的重要阶段，他们的想象能力、逻辑思维能力和批判精神都达到了新的水平。在教学中，要鼓励学生敢于想象、勤于思考，激发学生的学习兴趣和创造欲望。通过设计学习、实践检验等活动，培养学生的探究能力和敢于创新、善于创造的精神，

使学生的实践能力得到进一步发展，创造潜能得到良好的开发和有效的引导。

（二）紧密联系学生的生活实际并努力反映先进技术

技术是不断发展变化的，它具有鲜明的时代印记。通用技术课程应紧密联系学生的生活实际选择课程内容，在注重课程内容的基础性、通用性的同时，注重它的先进性；应注意从学生现实生活所接触的技术内容向现代技术和高新技术延伸，使学生了解生活中技术发展的崭新成果和未来走向，有机会接触到所能理解的最新发展成果和技术信息，增强对当代先进技术的理解。

（三）注重学习过程，倡导学习方式的多样化

学习过程应是主动建构知识、不断拓展能力的过程，在这个过程中，学生是学习的主体，教师是学习活动的引导者、帮助者，更是学生的亲密朋友。在课程的实施过程中，应当从学生的实际出发，精心设计和组织学生的学习活动，根据学生的身心发展规律和学习特点，指导学生采取自主学习、合作学习、网络学习等多种学习方式，促进学生探究能力的提高，形成积极的情感、态度与价值观。

三、做好课堂观察，提高学生学习效率

通用技术课有其自身的特点，要想 45 分钟的课堂有效率有质量，课前教师就要充分准备，寻找适合的教学案例，设想每一个可能出现的教学细节，反复琢磨将要问出的每一个问题，力求通过案例使学生在学习的过程中学会分析问题、解决问题的方法。课堂观察的起点与归宿都是学生课堂学习的改善，无论是教师行为的改进、课程资源的利用，还是课堂文化的创设，都是以学生的课堂有效学习为落脚点。

在教学中，教师要注意提醒自身角色的转变。在课堂上变传授者为参与者，作为参与者，教师必须构建民主、平等、合作的学习平台，创设融洽和谐的学习氛围，这样学生自由表达和自主探究学习才可能成为现实；学生要真正成为学习的主人，教师必须从“主导者”变为“引导者”。课堂观察主要关注学生如何学习，会不会学习以及学

得怎样，课堂观察促使教师由观察他人课堂而反思自己的教育理念和教学行为，感悟和提升自己的教育教学能力。无论是观察者还是被观察者，都可以根据自己的实际需要，有针对性地进行课堂观察，从而获得实践知识，汲取他人的经验，改进自己的教学行为，提升自己的教学水平。

四、通用技术课堂观察的实施

（一）课堂观察始终指向学生学习的改善

在真实的课堂里，教师的教和学生的学是相互交织在一起的，学生通过倾听，与教师对话，交流建构自己的学习方式来改善学习行为，获得新的认知与情感体验。可以说，教师的课堂行为、学生的学习习惯及课堂环境都在影响学生的学习。当观察者进入课堂观察学生的学习，关注学生如何学习以及学得怎样时，在一定程度上会引发学生行为上的改变。观察课堂中的其他行为或事件，如教师教学、课堂文化等，通过教师行为的改进、课程资源的利用或课堂文化的创设，都会直接或间接地影响学生的学习。所以，观察者参与课堂观察始终指向学生学习的改善，这也是课堂观察与传统听评课最大的功能区别。

要观察课堂，首先必须解构课堂。课堂涉及的因素很多，主要包括学生、教师、课程和课堂文化，各因素之间又是相互联系，交错互动，浑然一体的。因此需要有一个简明、科学的观察框架作为观察的“支架”。研究人员通常把课堂观察设计为四个维度，即学生学习维度、教师教学维度、课程性质维度、课堂文化维度。学生学习维度，主要关注学生怎么学，学得怎么样；教师教学维度，主要关注教师怎么教，效果怎么样；课程性质维度，关注的是教和学的内容，它是师生在课堂中共同面对的教与学的客体；课堂文化维度，是指教师、学生、课程三者之间发生联系，在整个互动、对话的过程中形成的课堂文化。因此，课堂文化关注的是整个课堂怎么样。

目前通用技术课型主要有：多媒体演示教学、任务驱动式教学和项目教学，三种课型在实际运用中也不是完全孤立的，针对不同的教学内容可单独或结合使用。

（二）多媒体演示教学中，观察媒体的辅助作用

随着信息技术的发展，计算机的普及和多媒体技术的兴起，集文字、图像、声音、动画和视频为一体的多媒体日益受到广大教师的青睐，许多教师越来越多地在课堂上使用多媒体。多媒体演示教学的理论基础是学生在同一时间内同时接受各种感官的刺激，可以更有利于其学习，更能提高学习效率。多媒体演示教学可以照顾到不同认知风格的学生，使各种认知偏好的学生在教学中都得到发展。

活动准备阶段的“多媒体演示教学”重点在于选材的适切性，紧贴学生生活与授课内容，选择能激发学生兴趣的素材，使之尽快融入课堂。这样的课型要求进行课堂观察时，侧重于观察上课时教师对多媒体掌握和使用的技巧，导入是否精彩，是否能激起学生的学习兴趣。

下面以一节“结构与稳定性”多媒体演示课堂观察来说明此问题。

本课课堂实录：

1. 新课导入（3 分钟）

教师：图片、视频导入。

提问：走钢丝绳的人和在钢丝绳上骑车的人，哪个看起来更危险？

教师：演示模拟骑钢丝绳的试验——挂上钩码的玩具车轮能稳稳地竖立在棉线上。

提问：为什么挂上钩码后，车轮就能稳稳立在棉线上呢？引出学习内容——“结构与稳定性”。

设计意图：通过有趣的设疑试验，激发学生探索新知的欲望，为本节课的开展设置铺垫。

2. 学习新知（17 分钟）

教师：讲解结构稳定性的定义。

提问：大家认为影响结构稳定性的主要因素有哪些？下面我们将通过一些试验来探究一下是什么原因影响了结构的稳定性。

学生：小组合作，依据“探究影响结构稳定性因素的试验”学案进行探究试验，并得出试验结论，填写相关内容。

教师：组织学生展示试验结论，并根据学生展示的情况进行补充总结，列举一些典型案例（不倒翁、立起的书本、鸟巢的设计、旋转中的熟鸡蛋等）。

设计意图：通过探究试验，让学生直观体验并归纳出相关理论知识，最大限度激发学生的学习热情，让学生将生活经验上升到理论层次。最后教师总结归纳，帮助学生更好地梳理知识结构。

3. 巩固练习（5 分钟）

教师：投影练习题。请学生根据给出的案例进行分析，这些案例分别与结构稳定性的哪些因素相关?（投影图片：走、骑钢丝绳，跨栏架，倒置啤酒瓶做成的简易地震仪，法国埃菲尔铁塔）

设计意图：采用生活中常见的案例，让学生对所学的知识进行迁移，加深理解。

4. 拓展试验（15 分钟）

学生：分小组利用三个一样的矿泉水瓶，分别为空瓶、盛满水的和盛半瓶水的状态。

教师：让每一组学生分别展示对三个瓶子进行稳定性测试。测试方法：将三个瓶子放置在前部有挡板的木板上，慢慢抬起，比较哪个最后倒下。

教师：请学生谈谈影响稳定性的因素。

设计意图：设计这个拓展试验，可以让学生将理论运用于实际，提高学生的知识迁移能力，提高学生对结构稳定性设计的意识，激发他们的学习兴趣，促进学生之间的相互交流与合作。

5. 拓展思考（5 分钟）

教师提问：全世界的人们都希望比萨斜塔能保持现在斜而不倒的奇观，假如你是当地管理委员会的成员，请设计一个让斜塔保持稳定的方案。（要保留斜塔的基本特色）

设计意图：让老师更好掌控剩余时间，并可将 45 分钟的课堂延伸到课后。

本节课45分钟，我们选取了2位老师进行课堂观察，观察点定在学生中间一人，学生前面一人，观察的重心放在“情境创设”上。观察量表采取定性描述与定量描述相结合的方式。

第一位观察员的记录片段：

观察对象	教师、学生	授课内容	结构与稳定性	
观察点	教学过程客观描述		教学实施 优缺点分析	教学行为 调整建议
课前情境创设（激发学生学习兴趣的问题情境创设）	1.播放视频并提问：走钢丝绳的人和在钢丝绳上骑车的人，哪个看起来更危险？ 2.演示模拟骑钢丝绳的试验：挂上钩码的玩具车轮能稳稳地竖立在棉线上。提问：为什么挂上钩码后，车轮就能稳稳立在棉线上呢？ 3.播放相关视频。 4.通过学生回答问题引出学习内容“结构与稳定性”。		优点：多媒体的恰当运用，提起了学生的学习兴趣，并希望找出问题的答案。 缺点：图片和视频播放过多，占用时间较多。	恰当运用图片和播放视频提起学生的学习兴趣即可，不宜过多。

第二位观察员的记录片段：

观察对象	教师、学生	授课内容	结构与稳定性	
观察点	教学过程客观描述		教学实施 优缺点分析	教学行为 调整建议
课前情境创设（激发学生学习兴趣的问题情境创设）	1.教师设问，引起学生猜想。 2.多媒体播放各种图形，让学生说说是什么图形。		优点：通过设问和多媒体演示把学生的注意力集中在屏幕上。 缺点：还有一些学生的学习积极性没有调动起来。	可以通过生动有趣的案例来激发学生的学习兴趣。

得出结论：针对此课的引入部分，教师运用图片、视频，使原来抽象枯燥的学习内容通过多媒体让表现形式变得更加生动直观，增强了学生的学习兴趣。此课的情境设计是符合学生兴趣点和学习规律的，很好地激发了学生学习和研究的欲望，通过有趣的设疑试验，学生探索新知的主动性得以释放，为本节课的开展设置了铺垫。

（三）任务驱动教学中，观察教师布置给学生任务的有效性和针对性

任务驱动的教与学能为学生提供体验实践的情境和感悟问题的情境，围绕任务展开学习，以任务的完成结果检验和总结学习过程等，改变学生的学习状态，使学生主动建构探究、实践、思考、运用的高智慧学习体系。

例：技术的价值（技术与人）

展示课件：从火到灯——人类走向文明的历程，让学生阅读分析、讨论。得出假设，然后教师总结。人类对光明的需求，是怎样推动了照明技术的产生和发展的？（学生回答）案例又说明了些什么？

总结：为了满足自身的需要和愿望，人类社会便产生了技术。人类的需求不断增长、提高，促使技术不断地发展。照明技术的产生和发展，改变并方便了人们的生产与生活。技术的提高和发展推动了社会的发展和人类文明的进步。

讨论：照明技术的发展虽然给人类带来了极大的方便，但也消耗着大量的自然资源。自然资源是有限的，如何运用现代技术，实现以更少的资源消耗获取更大的效益？

拓展知识：介绍合理运用核能技术的“人造太阳”，教师根据本节内容设置问题，让学生小组讨论，初步形成假设，然后全班讨论，最后形成结论。

第一位观察员的记录片段：

创设情境：使学生的学习能在与现实情况基本一致或相类似的情境中发生。本节课教师提出问题任务，创设与当前学习主题相关的、

尽可能真实的学习情境，引导学习者带着真实的任务进入学习情境，使学习更加直观和形象化。在“技术与人”环节，生动直观的形象能有效地激发学生联想，唤起学生原有认知结构中有关的知识、经验及表象，从而使学生利用有关知识与经验去“同化”或“顺应”所学的新知识。

第二位观察员的记录片段：

确定问题（任务）：在创设的情境下，选择与当前学习主题密切相关的真实性事件或问题（任务）作为学习的中心内容，让学生面临一个需要立即去解决的现实问题。问题（任务）的解决有可能使学生更主动、更广泛地激活原有的知识和经验，来理解、分析并解决当前问题。问题的解决为新旧知识的衔接、拓展提供了理想的平台，通过问题的解决来建构知识，正是探索性学习的主要特征。

得出结论：学生的学习活动必须与任务或问题相结合，以探索问题来引导和维持学习者的学习兴趣和动机，创建真实的教学环境，让学生带着真实的任务学习，以使学生拥有学习的主动权。学生的学习不单是知识由外到内的转移和传递，更应该是学生主动建构自己的知识经验的过程，通过新经验和原有知识经验的相互作用，充实并丰富自身的知识和能力。

（四）项目教学中，注意观察项目的选取要具有适切性

课堂教学片段：孔明锁项目教学

1. 教法设计：任务驱动教学法

孔明锁项目以任务驱动为主，通过任务和问题设计，让学习者的兴趣和注意力都围绕任务，解决本课的教学重点和难点。选择“任务驱动”教学法，使学生明确学习目标，适合学生特点，使教与学生动有趣、易于接受。

2. 学法设计：小组合作探究法

课程改革的基本理念之一是“积极倡导自主、合作、探究的学习方式”。教师根据这个理念：创设情景—解决问题—交流反馈—总结

评价—深化反思。

3. 教学工具及媒介

20 mm × 20 mm 木条、角尺、铅笔、钢锯、凿、锉刀、砂纸、导学案、PPT 等。

全班分组，6 人一组，共 7 组。组内任务分工包括项目制作负责人、锯割者、凿削与锉削者，活动过程中组内角色可互换，鼓励每位组员都尝试不同角色。

第一位观察员的记录片段：

<table>
<tr><td>观察中心内容</td><td colspan="4">项目的选取要具有适切性</td></tr>
<tr><td rowspan="11">观察记录</td><td colspan="3">观察学生行为表现的视角</td><td>得分</td></tr>
<tr><td colspan="3">1.学习兴趣是否浓厚。</td><td>5</td></tr>
<tr><td colspan="3">2.学习情绪是否高昂。</td><td>5</td></tr>
<tr><td colspan="3">3.能否积极参与教学活动。</td><td>4</td></tr>
<tr><td colspan="3">4.对教师的态度。</td><td>5</td></tr>
<tr><td colspan="3">5.能否在学习中自觉从教师推荐的资源（网络、资料袋）中自主选择、重组信息，能否“发现”规律，形成自己的见解并有效表达自己的观点。</td><td>5</td></tr>
<tr><td colspan="3">6.能否积极思考，深入探寻。</td><td>4</td></tr>
<tr><td colspan="3">7.合作学习中，能否与同学有效合作，能否照顾其他同学的学习需要。</td><td>5</td></tr>
<tr><td colspan="3">8.学习中，能否对老师和同学提出的观点大胆质疑，提出不同意见。</td><td>4</td></tr>
<tr><td colspan="3">9.学习中，能否应用已经掌握的知识与技能，解决新问题。</td><td>5</td></tr>
<tr><td colspan="3">10.学习中，能否反思自己的学习行为，调整学习策略。</td><td>4</td></tr>
<tr><td>赋分总计</td><td>46分</td><td>评价等级</td><td colspan="2">A</td></tr>
</table>

第二位观察员的记录片段：

观察中心内容	教师指导、评价学生行为表现	
观察记录	观察教师行为表现的视点	得分
	1.重视学生课前准备的评价。	5
	2.激发学生学习兴趣，引导学生自主学习、合作学习和探究学习并及时评价。	5
	3.营造民主、平等、互动、开放的学习气氛，注重评价的语言与姿势。	5
	4.注重调动学生敢于回答、敢于提问并进行互相评价。	5
	5.对学生开展的各种活动进行的评价。	5
	6.重视学生语言表达能力的训练、指导与评价。	5
	7.重视答题思路的分析、答题技巧的指导与评价。	4
	8.注重学生非智力因素培养与评价。	4
	9.重视学生获得扎实基础知识，对学会学习和解决问题的一些策略的引导与评价。	5
	10.组织学生进行自我评价，填好自我评价表并对学生进行终结性的评价。	5
赋分总计	48分	评价等级 A

得出结论：项目选择要贴近学生生活，要具有趣味性、挑战性，学生参与度广；易操作、安全性高、选材方便、成本较低、消耗较少、方便开展。教师的有效指导和合理的评价手段可以激发学生的学习兴趣和参与热情，使学生乐于参与，并能在设计制作过程中积极思考，发挥自己的创造力和想象力。教师要结合学生的实际情况具体开展有效合理的指导和评价。

五、通用技术课堂观察实例

由于通用技术必修课程内容结构的不同，我们平时在做课堂观察时选取了不同的授课内容，既关注到基础理论又关注到实践操作。同时，在选取观察对象时我们也注意到不同学校之间的学生的差异。以下列举几个课堂观察的实例，仅供老师们参考，不足之处还请多批评指正。

【通用技术课堂观察实例1】

实现方案和评价设计——工艺

一、针对问题制作的课堂观察量表

（一）教材运用观察量表

课堂教学教材运用观察量表

<table>
<tr><td>课本使用情况（打√）</td><td>（全部）或（部分）</td><td colspan="2">课本中图标使用次数</td><td></td></tr>
<tr><td>课本中思考题使用次数</td><td>5</td><td colspan="2">课本中活动使用次数</td><td>3</td></tr>
<tr><td>课本中练习使用次数</td><td>3</td><td colspan="2">拓展引用课外资料次数</td><td>5</td></tr>
<tr><td colspan="2">具体记录</td><td>课本内</td><td colspan="2">拓展</td></tr>
<tr><td colspan="2">1.了解工艺的含义。</td><td>√</td><td colspan="2">√</td></tr>
<tr><td colspan="2">2.工艺的种类。</td><td>√</td><td colspan="2">√</td></tr>
<tr><td colspan="2">3.了解常用工具使用方法。</td><td>√</td><td colspan="2">√</td></tr>
<tr><td colspan="2">4.学以致用——应用与拓展练习。</td><td>√</td><td colspan="2">√</td></tr>
<tr><td colspan="2">5.实践操作。</td><td></td><td colspan="2">√</td></tr>
</table>

（二）课程资源观察量表

课堂教学课程资源观察量表

<table>
<tr><td colspan="2">时间</td><td colspan="2">地点</td><td colspan="4">课题</td></tr>
<tr><td colspan="2">2017年5月20日</td><td colspan="2">长春市希望高中</td><td colspan="4">实现方案和评价设计——工艺</td></tr>
<tr><td colspan="2">观察者资料</td><td>姓名</td><td>田得生</td><td>年龄</td><td>43</td><td>教龄</td><td>19</td></tr>
<tr><td colspan="2">观察视角</td><td colspan="6">课程资源开发的多样性、适切性、在学生学习中的作用；课程资源的生成。</td></tr>
<tr><td rowspan="7">观察记录</td><td>观察内容</td><td colspan="6">统计（画“正”或“勾”）</td></tr>
<tr><td rowspan="3">1.课堂教学中使用的资源种类</td><td colspan="3">A.课本√</td><td colspan="3">B.影像资料√</td></tr>
<tr><td colspan="3">C.课件√</td><td colspan="3">D.网络</td></tr>
<tr><td colspan="3">E.资料袋</td><td colspan="3">F.其他√</td></tr>
<tr><td rowspan="3">2.课堂教学中各类资源使用次数</td><td colspan="3">A.课本√√√</td><td colspan="3">B.影像资料 √</td></tr>
<tr><td colspan="3">C.课件√</td><td colspan="3">D.网络</td></tr>
<tr><td colspan="3">E.资料袋</td><td colspan="3">F.其他√</td></tr>
</table>

续表

<table>
<tr><td rowspan="26">观察记录</td><td rowspan="7">3.课堂教学中各类资源使用的时机</td><td>时机资源种类</td><td>课前</td><td>解决问题时</td><td>表达观点时</td><td>阐述重点时</td><td>突破难点时</td><td>课后</td></tr>
<tr><td>A.课本</td><td></td><td>√</td><td></td><td></td><td></td><td>√</td></tr>
<tr><td>B.影像资料</td><td>√</td><td></td><td></td><td></td><td></td><td></td></tr>
<tr><td>C.课件</td><td>√</td><td></td><td>√</td><td>√</td><td>√</td><td></td></tr>
<tr><td>D.网络</td><td></td><td></td><td></td><td></td><td></td><td></td></tr>
<tr><td>E.资料袋</td><td></td><td></td><td></td><td></td><td></td><td></td></tr>
<tr><td>F.其他</td><td></td><td>√</td><td></td><td></td><td>√</td><td></td></tr>
<tr><td rowspan="7">4.课堂教学中各类资源使用的效果（5分制）</td><td>作用资源种类</td><td>提供资料</td><td>表达观点</td><td>阐述重点</td><td>突破难点</td><td>解决问题</td><td>建构知识</td></tr>
<tr><td>A.课本</td><td>5</td><td></td><td></td><td></td><td></td><td></td></tr>
<tr><td>B.影像资料</td><td></td><td>5</td><td></td><td></td><td></td><td></td></tr>
<tr><td>C.课件</td><td></td><td></td><td></td><td>5</td><td>5</td><td></td></tr>
<tr><td>D.网络</td><td></td><td></td><td></td><td></td><td></td><td></td></tr>
<tr><td>E.资料袋</td><td></td><td></td><td></td><td></td><td></td><td></td></tr>
<tr><td>F.其他</td><td></td><td></td><td></td><td></td><td></td><td>5</td></tr>
<tr><td rowspan="7">5.课堂教学中各类资源的服务对象（5分制）</td><td>作用资源种类</td><td>为学生的学</td><td>为教师的教</td><td>为表演</td><td colspan="2">为记录生成型资源</td><td>为资源而资源</td></tr>
<tr><td>A.课本</td><td>4</td><td>5</td><td></td><td colspan="2"></td><td></td></tr>
<tr><td>B.影像资料</td><td>5</td><td>5</td><td></td><td colspan="2"></td><td></td></tr>
<tr><td>C.课件</td><td>5</td><td>5</td><td></td><td colspan="2"></td><td></td></tr>
<tr><td>D.网络</td><td></td><td></td><td></td><td colspan="2"></td><td></td></tr>
<tr><td>E.资料袋</td><td></td><td></td><td></td><td colspan="2"></td><td></td></tr>
<tr><td>F.其他</td><td></td><td>5</td><td>5</td><td colspan="2"></td><td></td></tr>
<tr><td>6.学习中生成的资源</td><td>学生作品</td><td colspan="2">师生共同建构的资源</td><td>新生成的问题</td><td colspan="3">其他</td></tr>
<tr><td rowspan="4">7.各类资源对课堂教学的影响（5分制）</td><td>作用资源种类</td><td>为学生的学</td><td colspan="2">为教师的教</td><td>为表演</td><td>为记录生成型资源</td><td>为资源而资源</td></tr>
<tr><td>A.课本</td><td>5</td><td colspan="2">5</td><td colspan="3"></td></tr>
<tr><td>B.影像资料</td><td></td><td colspan="2">5</td><td colspan="3"></td></tr>
<tr><td>C.课件</td><td></td><td colspan="2">5</td><td colspan="3"></td></tr>
</table>

续表

	7.各类资源对课堂教学的影响（5分制）	作用 资源 种类	为学生的学	为教师的教	为表演	为记录生成型资源	为资源而资源
		D.网络					
		E.资料袋					
观察记录	8.学生应用各类资源的情况（记录应用次数）	作用 资源 种类	复制复述	重组为电子文稿	用资料构成新作品	作为讨论论据，变成自己的话说出	不会应用资源
		A.课本	3			5	
		B.影像资料					
		C.课件		5		5	
		D.网络					
		E.资料袋					

（三）教师行为观察量表

课堂教学教师行为观察量表

时间	地点		课题			
2017年5月20日	长春市希望高中		实现方案和评价设计——工艺			
观察者资料	姓名	田得生	年龄	43	教龄	19
观察视角	新课程背景下教师工作方式的转变——学生学习的组织者、引导者、促进者。					

	观察视点	赋分
观察记录	1.教学态度是否沉稳、愉快。	5
	2.课堂教学语言用词是否浅显易懂。	5
	3.对教室秩序的管理是否到位。	5
	4.学习前是否就学习目标、方法与学生讨论。	5
	5.能否通过评价调动学生的学习积极性，有效调控学习气氛。	5
	6.能否有效激发学生的学习兴趣。	5
	7.对学生反应的注意。	5
	8.对学生突如其来问题及状况的处理。	5
	9.能否通过恰当评价引导对学习主题的深入思考。	4
	10.能否接受学生的意见，并与学生平等交流。	5

（5分制：优5分；良4分；好3分；一般2分；尚可1分）

（四）学生行为观察量表

课堂教学学生行为观察量表

<table>
<tr><td>时间</td><td colspan="2">地点</td><td colspan="4">课题</td></tr>
<tr><td>2017年5月20日</td><td colspan="2">长春市希望高中</td><td colspan="4">实现方案和评价设计——工艺</td></tr>
<tr><td>观察者资料</td><td>姓名</td><td>田得生</td><td>年龄</td><td>43</td><td>教龄</td><td>19</td></tr>
<tr><td>观察视角</td><td colspan="6">新课程背景下学生学习方式的转变——自主学习、探究学习、合作学习。</td></tr>
<tr><td rowspan="11">观察记录</td><td colspan="5">观察视点</td><td>赋分</td></tr>
<tr><td colspan="5">1.学习兴趣是否浓厚。</td><td>5</td></tr>
<tr><td colspan="5">2.学习情绪是否高昂。</td><td>5</td></tr>
<tr><td colspan="5">3.能否积极参与教学活动。</td><td>4</td></tr>
<tr><td colspan="5">4.对教师的态度。</td><td>5</td></tr>
<tr><td colspan="5">5.能否在学习中自觉从教师推荐的资源（网络、资料袋）中自主选择、重组信息，能否“发现”规律，形成自己的见解并有效表达自己的观点。</td><td>5</td></tr>
<tr><td colspan="5">6.积极思考，深入探寻。</td><td>4</td></tr>
<tr><td colspan="5">7.合作学习中，能否与同学有效合作，能否照顾其他同学的学习需求。</td><td>5</td></tr>
<tr><td colspan="5">8.学习中，能否对老师和同学提出的观点大胆质疑，提出不同意见。</td><td>4</td></tr>
<tr><td colspan="5">9.学习中，能否应用已经掌握的知识与技能，解决新问题。</td><td>5</td></tr>
<tr><td colspan="5">10.学习中，能否反思自己的学习行为，调整学习策略。</td><td>4</td></tr>
</table>

（5 分制：优 5 分；良 4 分；好 3 分；一般 2 分；尚可 1 分）

（五）师生互动观察量表

课堂教学师生互动观察量表

<table>
<tr><td colspan="2">时间</td><td colspan="2">地点</td><td colspan="5">课题</td></tr>
<tr><td colspan="2">2017年5月20日</td><td colspan="2">长春市希望高中</td><td colspan="5">实现方案和评价设计——工艺</td></tr>
<tr><td colspan="2">观察者资料</td><td>姓名</td><td>田得生</td><td>年龄</td><td>43</td><td>教龄</td><td colspan="2">19</td></tr>
<tr><td rowspan="5">观察记录</td><td colspan="2" rowspan="2">观察内容</td><td rowspan="2">次数</td><td colspan="5">效果评价</td></tr>
<tr><td>A</td><td>B</td><td>C</td><td>D</td><td>E</td></tr>
<tr><td rowspan="3">教师提问类型</td><td>1.描述性问题</td><td>3</td><td>√</td><td></td><td></td><td></td><td></td></tr>
<tr><td>2.判断性问题</td><td>2</td><td>√</td><td></td><td></td><td></td><td></td></tr>
<tr><td>3.论证性问题</td><td>1</td><td>√</td><td></td><td></td><td></td><td></td></tr>
</table>

续表

观察记录	学生提问类型	4.理解性疑惑	1		√			
		5.判断性疑惑	1		√			
		6.实证性疑惑	1		√			
	互动类型	7.师生互动	5	√				
		8.生生互动	5	√				
		9.师班互动	1		√			
	教师对互动过程的推进	10.以问题推进互动	3	√				
		11.以评价推进互动	3	√				
		12.以非语言推进互动	1	√				
	言语互动过程计时	13.三十秒以下	2	√				
		14.三十秒以上	2	√				
	教师对学生提问的态度	15.热情	5	√				
		16.冷漠	0					
		17.忽视	0					
	互动管理	18.有效调控	2	√				
		19.放任	0					

（六）教学评价观察量表

课堂教学评价观察量表

执教教师	性别	年龄	教龄	职称	执教科目		执教班级
冯启花	女	42	18	中学一级	通用技术		高一
课题			观察时间		观察教师	教龄	职称
实现方案和评价设计——工艺			2017年5月20日		田得生	19	中学一级
观察视角	教师指导、评价学生行为表现						
观察记录	教师行为表现的观察视点						赋分
	1.重视学生课前准备的评价。						5
	2.激发学生学习兴趣，引导学生自主学习、合作学习和探究学习并及时评价。						5
	3.营造民主、平等、互动、开放的学习气氛，注重评价的语言与姿势。						5
	4.注重调动学生敢于回答、敢于提问并进行互相评价。						5
	5.对学生开展的各种活动进行的评价。						5
	6.重视学生语言表达能力的训练、指导与评价。						5

续表

观察记录	7.重视答题思路的分析、答题技巧的指导与评价。		4
	8.注重学生非智力因素培养与评价。		4
	9.重视学生获得扎实基础知识，对学会学习和解决问题上的一些策略引导与评价。		5
	10.组织学生进行自我评价，填好自我评价表并对学生进行终结性的评价。		5
赋分总计	48分	评价等级	A

（七）教师专业发展观察量表

课堂教学教师专业发展观察量表

学校	长春市实践教育学校	姓名	冯启花	学科	通用技术
时间	2017年5月20日	课题	实现方案和评价设计——工艺		
评价内容				等级	意见建议
教学目标	教学目标符合课程标准，适合学生实际；教学中目标指向明确、具体。			A	
教学内容	教学内容难易适度，分析准确，重点难点突出，能联系社会现实生活。			A	
教学策略	教学思路清晰，教学结构体现学生自主、探究、合作学习的学习方式。			A	
	创设的问题情境科学、恰当、灵活、生动，能够有效激发学生思考。			A	
	善于组织和引导学生开展多种形式的学习、探究和实践活动。			A	
	能为学生的学习、探究、实践活动提供必要的示范、帮助和方法指导。			A	
	营造开放、合作、活泼的学习氛围，善于激发学生的主体意识、创新精神。			A	
	合理应用音像设备、实验器材、信息技术等教学辅助手段。			B	
	对学生的学习活动予以恰当的评价；组织学生及时总结反思。			A	
教学效果	学生学习认真，积极主动，气氛热烈，思维活跃。			A	
	学生表达问题、课堂检测正确率比较高。			A	

续表

专业素质	本学科专业知识丰富、专业技能熟练。	A	
	有较强的课堂管理能力，能恰当地处理偶发事件和非预设性问题。	A	
专业素质	语言表达准确、流畅，能用普通话教学。板书准确、规范、清晰、合理。	B	
其他意见	课堂教学节奏的把握要加强，特别是学生实践环节，要注重收放自如。		总体印象
			好

（注：细目等级、总体印象，分为：好、较好、一般、较差）

观察评价人：田得生

二、分析观察量表得到的结论

1. 教学呈现方式安排比较合理

理论部分结合多媒体视频展示，伴随着轻快的音乐，学生在轻松愉悦的氛围里感受到工艺的魅力，激发了学生的探究欲望。

设计与实践环节：简易相框的加工，学生在“做中学、学中做”，感受通用技术课程的教学形式，大大提高了学生的动手和实践能力。让学生真切感受到学以致用的乐趣，从而提高学生的技术素养。

2. 教学内容设计比较丰富

为了落实教学目标，本节课设计了翔实的教学内容，教学内容的选择贴近学生的生活实际，能够激发学生的兴趣，教学效果较好。整个教学环节设置科学合理，做到知识内容环环相扣，教学内容设置的难易程度做到循序渐进，符合学生的认知规律。

3. 示范指导突出教学重点

在制作简易相框的实践项目中，让学生掌握常用木工工具与设备的使用方法，知道安全操作规程。通过教师的示范指导大大提高了课堂教学效率，能够在学生模仿操作中及时发现问题并加以纠正。

4. 本节课采用的教学方法较为恰当

为了保持学生较高的学习热情，大量技术试验的引入是本节课成功的关键。在技术试验中，经常会出现学生只注重操作，而忽视理论的情况，这会导致课堂教学不能达到预定目标。为了解决这个问题，教师在实际教学过程中结合斯金纳的程序教学法，通过“分解问题”“步步解决”“及时反馈”以达到降低错误率，增强学生学习自信心，提高教学效率的目的。同时在实际教学中要把握好课堂的实践时间和节奏，保证在限定的课时内完成教学目标。

本节课的时间紧了一些，个别小组没有在规定时间内完成制作任务，且有简易相框尺寸不准确和加工不精准的现象。建议任课教师合理安排好教学时间。

【通用技术课堂观察实例 2】

设计和交流中的技术语言——三视图

一、针对问题制作的课堂观察量表

（一）教材运用观察量表

课堂教学教材运用观察量表

课本使用情况（打√）	（全部）或（部分）	课本中图标使用次数	
课本中思考题使用次数	5	课本中活动使用次数	3
课本中练习使用次数	3	拓展引用课外资料次数	5
具体记录		课本内	拓展
1.设计和交流中的技术语言及其应用。		√	√
2.正投影形成三视图的方法与原理。		√	√
3.三视图的绘制（识读）方法与规律。		√	√
4.学以致用——应用与拓展练习。		√	√
5.实践操作。			√

（二）课程资源观察量表

课堂教学课程资源观察量表

时间	地点		课题			
2017年4月27日	长春市养正高中		设计和交流中的技术语言——三视图			
观察者资料	姓名	冯启花	年龄	42	教龄	18
观察视角	课程资源开发的多样性、适切性、在学生学习中的作用；课程资源的生成。					

续表

<table>
<tr><td rowspan="21">观察记录</td><td>观察内容</td><td colspan="7">统计（画“正”或“勾”）</td></tr>
<tr><td rowspan="3">1.课堂教学中使用的资源种类</td><td colspan="3">A.课本√</td><td colspan="4">B.影像资料√</td></tr>
<tr><td colspan="3">C.课件√</td><td colspan="4">D.网络</td></tr>
<tr><td colspan="3">E.资料袋</td><td colspan="4">F.其他√</td></tr>
<tr><td rowspan="3">2.课堂教学中各类资源使用次数</td><td colspan="3">A.课本√√√</td><td colspan="4">B.影像资料√√√</td></tr>
<tr><td colspan="3">C.课件√</td><td colspan="4">D.网络</td></tr>
<tr><td colspan="3">E.资料袋√</td><td colspan="4">F.其他√</td></tr>
<tr><td rowspan="7">3.课堂教学中各类资源使用的时机</td><td>时机
资源
种类</td><td>课前</td><td>解决问题时</td><td>表达观点时</td><td>阐述重点时</td><td>突破灾难时</td><td>课后</td></tr>
<tr><td>A.课本</td><td></td><td>√</td><td></td><td></td><td></td><td>√</td></tr>
<tr><td>B.影像资料</td><td>√</td><td></td><td></td><td></td><td></td><td></td></tr>
<tr><td>C.课件</td><td>√</td><td></td><td>√</td><td>√</td><td>√</td><td></td></tr>
<tr><td>D.网络</td><td></td><td></td><td></td><td></td><td></td><td></td></tr>
<tr><td>E.资料袋</td><td></td><td></td><td></td><td></td><td></td><td></td></tr>
<tr><td>F.其他</td><td></td><td>√</td><td></td><td></td><td>√</td><td></td></tr>
<tr><td rowspan="7">4.课堂教学中各类资源使用的效果（5分制）</td><td>作用
资源
种类</td><td>提供资料</td><td>表达观点</td><td>阐述重点</td><td>突破难点</td><td>解决问题</td><td>建构知识</td></tr>
<tr><td>A.课本</td><td>4</td><td></td><td></td><td></td><td></td><td></td></tr>
<tr><td>B.影像资料</td><td></td><td>5</td><td></td><td></td><td></td><td></td></tr>
<tr><td>C.课件</td><td></td><td></td><td>5</td><td>5</td><td>5</td><td></td></tr>
<tr><td>D.网络</td><td></td><td></td><td></td><td></td><td></td><td></td></tr>
<tr><td>E.资料袋</td><td></td><td></td><td></td><td></td><td></td><td></td></tr>
<tr><td>F.其他</td><td></td><td></td><td></td><td></td><td></td><td>5</td></tr>
</table>

续表

<table>
<tr><td rowspan="28">观察记录</td><td rowspan="7">5.课堂教学中各类资源的服务对象（5分制）</td><td>作用
资源
种类</td><td>为学生的学</td><td>为教师的教</td><td>为表演</td><td>为记录生成型资源</td><td>为资源而资源</td></tr>
<tr><td>A.课本</td><td>4</td><td>5</td><td></td><td></td><td></td></tr>
<tr><td>B.影像资料</td><td>4</td><td>5</td><td></td><td></td><td></td></tr>
<tr><td>C.课件</td><td>5</td><td>5</td><td></td><td></td><td></td></tr>
<tr><td>D.网络</td><td></td><td></td><td></td><td></td><td></td></tr>
<tr><td>E.资料袋</td><td></td><td></td><td></td><td></td><td></td></tr>
<tr><td>F.其他</td><td></td><td>5</td><td>5</td><td></td><td></td></tr>
<tr><td>6.学习中生成的资源</td><td>学生作品</td><td colspan="2">师生共同建构的资源</td><td colspan="2">新生成的问题</td><td>其他</td></tr>
<tr><td rowspan="6">7.各类资源对课堂教学的影响（5分制）</td><td>作用
资源
种类</td><td>为学生的学</td><td>为教师的教</td><td>为表演</td><td>为记录生成型资源</td><td>为资源而资源</td></tr>
<tr><td>A.课本</td><td>5</td><td>5</td><td></td><td></td><td></td></tr>
<tr><td>B.影像资料</td><td></td><td>5</td><td></td><td></td><td></td></tr>
<tr><td>C.课件</td><td></td><td>5</td><td></td><td></td><td></td></tr>
<tr><td>D.网络</td><td></td><td></td><td></td><td></td><td></td></tr>
<tr><td>E.资料袋</td><td></td><td></td><td></td><td></td><td></td></tr>
<tr><td rowspan="6">8.学生应用各类资源的情况（记录应用次数）</td><td>作用
资源
种类</td><td>复制复述</td><td>重组为电子文稿</td><td>用资料构成新作品</td><td>作为讨论论据，变成自己的话说出</td><td>不会应用资源</td></tr>
<tr><td>A.课本</td><td>3</td><td></td><td></td><td>5</td><td></td></tr>
<tr><td>B.影像资料</td><td></td><td></td><td></td><td></td><td></td></tr>
<tr><td>C.课件</td><td></td><td>5</td><td></td><td>5</td><td></td></tr>
<tr><td>D.网络</td><td></td><td></td><td></td><td></td><td></td></tr>
<tr><td>E.资料袋</td><td></td><td></td><td></td><td></td><td></td></tr>
</table>

（三）教师行为观察量表

课堂教学教师行为观察量表

<table>
<tr><td>时间</td><td colspan="2">地点</td><td colspan="4">课题</td></tr>
<tr><td>2017年4月27日</td><td colspan="2">长春市养正高中</td><td colspan="4">设计和交流中的技术语言——三视图</td></tr>
<tr><td>观察者资料</td><td>姓名</td><td>冯启花</td><td>年龄</td><td>42</td><td>教龄</td><td>18</td></tr>
<tr><td>观察视角</td><td colspan="6">新课程背景下教师工作方式的转变——学生学习的组织者、引导者、促进者。</td></tr>
<tr><td rowspan="11">观察记录</td><td colspan="5">观察视点</td><td>赋分</td></tr>
<tr><td colspan="5">1.教学态度是否沉稳、愉快。</td><td>4</td></tr>
<tr><td colspan="5">2.课堂教学语言用词是否浅显易懂。</td><td>5</td></tr>
<tr><td colspan="5">3.对教室秩序的管理是否到位。</td><td>5</td></tr>
<tr><td colspan="5">4.学习前是否就学习目标、方法与学生讨论。</td><td>4</td></tr>
<tr><td colspan="5">5.能否通过评价调动学生的学习积极性，有效调控学习气氛。</td><td>5</td></tr>
<tr><td colspan="5">6.能否有效激发学生的学习兴趣。</td><td>5</td></tr>
<tr><td colspan="5">7.对学生反应的注意。</td><td>5</td></tr>
<tr><td colspan="5">8.对学生突如其来问题及状况的处理。</td><td>5</td></tr>
<tr><td colspan="5">9.能否通过恰当评价引导对学习主题的深入思考。</td><td>4</td></tr>
<tr><td colspan="5">10.能否接受学生的意见，并与学生平等交流。</td><td>5</td></tr>
</table>

（5分制：优5分；良4分；好3分；一般2分；尚可1分）

（四）学生行为观察量表

课堂教学学生行为观察量表

<table>
<tr><td>时间</td><td colspan="2">地点</td><td colspan="4">课题</td></tr>
<tr><td>2017年4月27日</td><td colspan="2">长春市养正高中</td><td colspan="4">设计和交流中的技术语言——三视图</td></tr>
<tr><td>观察者资料</td><td>姓名</td><td>冯启花</td><td>年龄</td><td>42</td><td>教龄</td><td>18</td></tr>
<tr><td>观察视角</td><td colspan="6">新课程背景下学生学习方式的转变——自主学习、探究学习、合作学习。</td></tr>
<tr><td rowspan="6">观察记录</td><td colspan="5">观察视点</td><td>赋分</td></tr>
<tr><td colspan="5">1.学习兴趣是否浓厚。</td><td>5</td></tr>
<tr><td colspan="5">2.学习情绪是否高昂。</td><td>5</td></tr>
<tr><td colspan="5">3.能否积极参与教学活动。</td><td>4</td></tr>
<tr><td colspan="5">4.对教师的态度。</td><td>5</td></tr>
<tr><td colspan="5">5.能否在学习中自觉从教师推荐的资源（网络、资料袋）中自主选择、重组信息，能否“发现”规律，形成自己的见解并有效表达自己的观点。</td><td>5</td></tr>
</table>

续表

观察记录	6.积极思考，深入探寻。	4
	7.合作学习中，能否与同学有效合作，能否照顾其他同学的学习需求。	5
	8.学习中，能否对老师和同学提出的观点大胆质疑，提出不同意见。	4
	9.学习中，能否应用已经掌握的知识与技能，解决新问题。	5
	10.学习中，能否反思自己的学习行为，调整学习策略。	4

（5 分制：优 5 分；良 4 分；好 3 分；一般 2 分；尚可 1 分）

（五）师生互动观察量表

课堂教学师生互动观察量表

<table>
<tr><td colspan="2">时间</td><td colspan="2">地点</td><td colspan="5">课题</td></tr>
<tr><td colspan="2">2017年4月27日</td><td colspan="2">长春市养正高中</td><td colspan="5">设计和交流中的技术语言
——三视图</td></tr>
<tr><td colspan="2">观察者资料</td><td>姓名</td><td>冯启花</td><td>年龄</td><td>42</td><td>教龄</td><td colspan="2">18</td></tr>
<tr><td rowspan="16">观察记录</td><td colspan="2" rowspan="2">观察内容</td><td rowspan="2">次数</td><td colspan="5">效果评价</td></tr>
<tr><td>A</td><td>B</td><td>C</td><td>D</td><td>E</td></tr>
<tr><td rowspan="3">教师提问类型</td><td>1.描述性问题</td><td>3</td><td>√</td><td></td><td></td><td></td><td></td></tr>
<tr><td>2.判断性问题</td><td>2</td><td>√</td><td></td><td></td><td></td><td></td></tr>
<tr><td>3.论证性问题</td><td>1</td><td>√</td><td></td><td></td><td></td><td></td></tr>
<tr><td rowspan="3">学生提问类型</td><td>4.理解性疑惑</td><td>1</td><td></td><td>√</td><td></td><td></td><td></td></tr>
<tr><td>5.判断性疑惑</td><td>1</td><td></td><td>√</td><td></td><td></td><td></td></tr>
<tr><td>6.实证性疑惑</td><td>1</td><td></td><td>√</td><td></td><td></td><td></td></tr>
<tr><td rowspan="3">互动类型</td><td>7.师生互动</td><td>5</td><td>√</td><td></td><td></td><td></td><td></td></tr>
<tr><td>8.生生互动</td><td>5</td><td>√</td><td></td><td></td><td></td><td></td></tr>
<tr><td>9.师班互动</td><td>1</td><td></td><td>√</td><td></td><td></td><td></td></tr>
<tr><td rowspan="3">教师对互动过程的推进</td><td>10.以问题推进互动</td><td>3</td><td>√</td><td></td><td></td><td></td><td></td></tr>
<tr><td>11.以评价推进互动</td><td>3</td><td>√</td><td></td><td></td><td></td><td></td></tr>
<tr><td>12.以非语言推进互动</td><td>1</td><td>√</td><td></td><td></td><td></td><td></td></tr>
<tr><td rowspan="2">言语互动过程计时</td><td>13.三十秒以下</td><td>2</td><td>√</td><td></td><td></td><td></td><td></td></tr>
<tr><td>14.三十秒以上</td><td>2</td><td>√</td><td></td><td></td><td></td><td></td></tr>
</table>

续表

观察记录	教师对学生提问的态度	15.热情	5	√				
		16.冷漠	0					
		17.忽视	0					
	互动管理	18.有效调控	2	√				
		19.放任	0					

（六）教学评价观察量表

课堂教学评价观察量表

<table>
<tr><td>执教教师</td><td>性别</td><td>年龄</td><td>教龄</td><td>职称</td><td>执教科目</td><td colspan="2">执教班级</td></tr>
<tr><td>高银萍</td><td>女</td><td>50</td><td>28</td><td>高级</td><td>通用技术</td><td colspan="2">高一</td></tr>
<tr><td colspan="3">课题</td><td colspan="2">观察时间</td><td>观察教师</td><td>教龄</td><td>职称</td></tr>
<tr><td colspan="3">设计和交流中的技术语言
——三视图</td><td colspan="2">2017年4月27日</td><td>冯启花</td><td>18</td><td>中学一级</td></tr>
<tr><td>观察视角</td><td colspan="7">教师指导、评价学生行为表现</td></tr>
<tr><td rowspan="11">观察记录</td><td colspan="6">教师行为表现的观察视点</td><td>赋分</td></tr>
<tr><td colspan="6">1.重视学生课前准备的评价。</td><td>5</td></tr>
<tr><td colspan="6">2.激发学生学习兴趣，引导学生自主学习、合作学习和探究学习并及时评价。</td><td>5</td></tr>
<tr><td colspan="6">3.营造民主、平等、互动、开放的学习气氛，注重评价的语言与姿势。</td><td>5</td></tr>
<tr><td colspan="6">4.注重调动学生敢于回答、敢于提问并进行互相评价。</td><td>5</td></tr>
<tr><td colspan="6">5.对学生开展的各种活动进行的评价。</td><td>5</td></tr>
<tr><td colspan="6">6.重视学生语言表达能力的训练、指导与评价。</td><td>5</td></tr>
<tr><td colspan="6">7.重视答题思路的分析、答题技巧的指导与评价。</td><td>4</td></tr>
<tr><td colspan="6">8.注重学生非智力因素培养与评价。</td><td>4</td></tr>
<tr><td colspan="6">9.重视学生获得扎实基础知识，对学会学习和解决问题上的一些策略引导与评价。</td><td>5</td></tr>
<tr><td colspan="6">10.组织学生进行自我评价，填好自我评价表并对学生进行终结性的评价。</td><td>5</td></tr>
<tr><td>赋分总计</td><td colspan="3">48分</td><td colspan="2">评价等级</td><td colspan="2">A</td></tr>
</table>

（七）教师专业发展观察量表

课堂教学教师专业发展观察量表

学校	长春市实践教育学校	姓名	高银萍	学科	通用技术
时间	2017年4月27日	课题	设计和交流中的技术语言——三视图		
评价内容				等级	意见建议
教学目标	教学目标符合课程标准，适合学生实际；教学中目标指向明确、具体。			A	
教学内容	教学内容难易适度，分析准确，重点难点突出，能联系社会现实生活。			B	
教学策略	教学思路清晰，教学结构体现学生自主、探究、合作学习的学习方式。			A	
	创设的问题情境科学、恰当、灵活、生动，能够有效激发学生思考。			A	
	善于组织和引导学生开展多种形式的学习、探究和实践活动。			A	
	能为学生的学习、探究、实践活动提供必要的示范、帮助和方法指导。			A	
	营造开放、合作、活泼的学习氛围，善于激发学生的主体意识、创新精神。			A	
	合理应用音像设备、实验器材、信息技术等教学辅助手段。			B	
	对学生的学习活动予以恰当的评价；组织学生及时总结反思。			A	
教学效果	学生学习认真，积极主动，气氛热烈，思维活跃。			A	
	学生表达问题、课堂检测正确率比较高。			A	
专业素质	本学科专业知识丰富、专业技能熟练。			B	
	有较强的课堂管理能力，能恰当地处理偶发事件和非预设性问题。			A	
	语言表达准确、流畅，能用普通话教学。板书准确、规范、清晰、合理。			A	
其他意见	如何把专业性较强的知识点通过形式多样的教学方式，降低教学难度，增加课堂趣味性，让枯燥的理论课堂更生活化，更好地提高学生学习热情。				总体印象
					好

（注：细目等级、总体印象，分为：好、较好、一般、较差）

观察评价人：冯启花

二、分析观察量表得到的结论

1. 教学媒体与实物运用有效结合，可以大大提高课堂教学效率

本节课的内容比较抽象，教学目标要求学生能画、识、读，因此学生的学习难度比较大。在教学中大量使用多媒体展示，可以形象直观地描述三视图的成图过程，这就大大降低了学生的学习难度。学生通过对案例的解读，不知不觉地置身于实际教学中，从而感受到技术语言交流的重要性。

2. 教学载体的选择比较恰当

教学载体的选择以学生熟悉的三棒孔明锁为例，原因一是学生比较感兴趣，二是三棒孔明锁的各个组成部分结构线条流畅，各组成部件的外形清晰，拆分开来比较好观察，对于本节课的知识运用比较好实现。

3. 教师示范与学生练习相结合

作为一节制图课，其目的是培养学生的技能，不仅要教会学生一种技术图样的绘制方法，还要特别强调绘图的规范性。教师作为课堂的引导者，如果只是在多媒体上演示绘制过程和方法是很难达到效果的，更不能将制图的规范性演示出来。所以在课堂教学中，教师在黑板上进行规范的尺规作图十分必要。

4. 讲练结合，提高学生的技术素养

教师的演示不能成为学生单一模仿的范本，学生要在探究的过程中学习新的知识，因此在课堂教学中，首先通过教师演示与讲解相结合解析坐标法，然后通过实践练习自主学习叠加法。教师的示范与学生的练习一定要相结合，层层深入的教学方式更有助于学生对知识的掌握。

【通用技术课堂观察实例 3】

弹球运行轨道项目设计

一、针对问题制作的课堂观察量表

（一）教材运用观察量表

课堂教学教材运用观察量表

课本使用情况（打√）	（全部）或（部分）	课本中图标使用次数	
课本中思考题使用次数	5	课本中活动使用次数	3

续表

课本中练习使用次数	3	拓展引用课外资料次数	5
具体记录		课本内	拓展
1.设计要求。			√
2.设计分析。		√	√
3.设计方案呈现。		√	√
4.原型与模型制作。		√	√
5.设计的交流与评价。			√

（二）课程资源观察量表

课堂教学课程资源观察量表

<table>
<tr><td colspan="2">时间</td><td colspan="2">地点</td><td colspan="5">课题</td></tr>
<tr><td colspan="2">2017年10月18日</td><td colspan="2">长春市七中</td><td colspan="5">弹球运行轨道项目设计</td></tr>
<tr><td colspan="2">观察者资料</td><td>姓名</td><td>尹淑莲</td><td>年龄</td><td>46</td><td>教龄</td><td colspan="2">23</td></tr>
<tr><td colspan="2">观察视角</td><td colspan="7">课程资源开发的多样性、适切性、在学生学习中的作用；课程资源的生成。</td></tr>
<tr><td rowspan="14">观察记录</td><td>观察内容</td><td colspan="7">统计（画“正”或“勾”）</td></tr>
<tr><td rowspan="3">1.课堂教学中使用的资源种类</td><td colspan="3">A.课本√</td><td colspan="4">B.影像资料√</td></tr>
<tr><td colspan="3">C.课件√</td><td colspan="4">D.网络</td></tr>
<tr><td colspan="3">E.资料袋</td><td colspan="4">F.其他√</td></tr>
<tr><td rowspan="3">2.课堂教学中各类资源使用次数</td><td colspan="3">A.课本√√√</td><td colspan="4">B.影像资料√</td></tr>
<tr><td colspan="3">C.课件√</td><td colspan="4">D.网络</td></tr>
<tr><td colspan="3">E.资料袋</td><td colspan="4">F.其他√</td></tr>
<tr><td rowspan="7">3.课堂教学中各类资源使用的时机</td><td>时机
资源
种类</td><td>课前</td><td>解决问题时</td><td>表达观点时</td><td>阐述重点时</td><td>突破难点时</td><td>课后</td></tr>
<tr><td>A.课本</td><td></td><td>√</td><td></td><td></td><td></td><td>√</td></tr>
<tr><td>B.影像资料</td><td>√</td><td></td><td></td><td></td><td></td><td></td></tr>
<tr><td>C.课件</td><td>√</td><td></td><td>√</td><td>√</td><td>√</td><td></td></tr>
<tr><td>D.网络</td><td></td><td></td><td></td><td></td><td></td><td></td></tr>
<tr><td>E.资料袋</td><td></td><td></td><td></td><td></td><td></td><td></td></tr>
<tr><td>F.其他</td><td></td><td>√</td><td></td><td></td><td>√</td><td></td></tr>
</table>

续表

观察记录	4.课堂教学中各类资源使用的效果（5分制）	作用资源种类	提供资料	表达观点	阐述重点	突破难点	解决问题	建构知识
		A.课本	5					
		B.影像资料		5				
		C.课件				5	5	
		D.网络						
		E.资料袋						
		F.其他						5
	5.课堂教学中各类资源的服务对象（5分制）	作用资源种类	为学生的学	为教师的教	为表演	为记录生成型资源		为资源而资源
		A.课本	4	5				
		B.影像资料	5	5				
		C.课件	5	5				
		D.网络						
		E.资料袋						
		F.其他		5	5			
	6.学习中生成的资源	学生作品	师生共同建构的资源		新生成的问题		其他	
	7.各类资源对课堂教学的影响（5分制）	作用资源种类	为学生的学	为教师的教	为表演	为记录生成型资源		为资源而资源
		A.课本	5	5				
		B.影像资料		5				
		C.课件		5				
		D.网络						
		E.资料袋						
	8.学生应用各类资源的情况（记录应用次数）	作用资源种类	复制复述	重组为电子文稿	用资料构成新作品	作为讨论论据，变成自己的话说出		不会应用资源
		A.课本	3			5		
		B.影像资料						
		C.课件		5		5		
		D.网络						
		E.资料袋						

（三）教师行为观察量表

课堂教学教师行为观察量表

<table>
<tr><td colspan="2">时间</td><td colspan="2">地点</td><td colspan="4">课题</td></tr>
<tr><td colspan="2">2017年10月18日</td><td colspan="2">长春市七中</td><td colspan="4">弹球运行轨道项目设计</td></tr>
<tr><td colspan="2">观察者资料</td><td>姓名</td><td>尹淑莲</td><td>年龄</td><td>46</td><td>教龄</td><td>23</td></tr>
<tr><td colspan="2">观察视角</td><td colspan="6">新课程背景下教师工作方式的转变——学生学习的组织者、引导者、促进者。</td></tr>
<tr><td rowspan="11">观察记录</td><td colspan="6">观察视点</td><td>赋分</td></tr>
<tr><td colspan="6">1.教学态度是否沉稳、愉快。</td><td>5</td></tr>
<tr><td colspan="6">2.课堂教学语言用词是否浅显易懂。</td><td>5</td></tr>
<tr><td colspan="6">3.对教学秩序的管理是否到位。</td><td>5</td></tr>
<tr><td colspan="6">4.学习前是否就学习目标、方法与学生讨论。</td><td>5</td></tr>
<tr><td colspan="6">5.能否通过评价调动学生的学习积极性，有效调控学习气氛。</td><td>5</td></tr>
<tr><td colspan="6">6.能否有效激发学生的学习兴趣。</td><td>5</td></tr>
<tr><td colspan="6">7.对学生反应的注意。</td><td>5</td></tr>
<tr><td colspan="6">8.对学生突如其来问题及状况的处理。</td><td>5</td></tr>
<tr><td colspan="6">9.能否通过恰当评价引导对学习主题的深入思考。</td><td>4</td></tr>
<tr><td colspan="6">10.能否接受学生的意见，并与学生平等交流。</td><td>5</td></tr>
</table>

（5分制：优5分；良4分；好3分；一般2分；尚可1分）

（四）学生行为观察量表

课堂教学学生行为观察量表

<table>
<tr><td>时间</td><td colspan="2">地点</td><td colspan="4">课题</td></tr>
<tr><td>2017年10月18日</td><td colspan="2">长春市七中</td><td colspan="4">弹球运行轨道项目设计</td></tr>
<tr><td>观察者资料</td><td>姓名</td><td>尹淑莲</td><td>年龄</td><td>46</td><td>教龄</td><td>23</td></tr>
<tr><td>观察视角</td><td colspan="6">新课程背景下学生学习方式的转变——自主学习、探究学习、合作学习。</td></tr>
</table>

续表

<table>
<tr><td rowspan="11">观察记录</td><td>观察视点</td><td>赋分</td></tr>
<tr><td>1.学习兴趣是否浓厚。</td><td>5</td></tr>
<tr><td>2.学习情绪是否高昂。</td><td>5</td></tr>
<tr><td>3.能否积极参与教学活动。</td><td>4</td></tr>
<tr><td>4.对教师的态度。</td><td>5</td></tr>
<tr><td>5.能否在学习中自觉从教师推荐的资源（网络、资料袋）中自主选择、重组信息，能否“发现”规律，形成自己的见解并有效表达自己的观点。</td><td>5</td></tr>
<tr><td>6.积极思考，深入探寻。</td><td>4</td></tr>
<tr><td>7.合作学习中，能否与同学有效合作，能否照顾其他同学的学习需要。</td><td>5</td></tr>
<tr><td>8.学习中，能否对老师和同学提出的观点大胆质疑，提出不同意见。</td><td>4</td></tr>
<tr><td>9.学习中，能否应用已经掌握的知识与技能，解决新问题。</td><td>5</td></tr>
<tr><td>10.学习中，能否反思自己的学习行为，调整学习策略。</td><td>4</td></tr>
</table>

（5 分制：优 5 分；良 4 分；好 3 分；一般 2 分；尚可 1 分）

（五）师生互动观察量表

课堂教学师生互动观察量表

<table>
<tr><td colspan="2">时间</td><td colspan="2">地点</td><td colspan="7">课题</td></tr>
<tr><td colspan="2">2017年10月18日</td><td colspan="2">长春市七中</td><td colspan="7">弹球运行轨道项目设计</td></tr>
<tr><td colspan="2">观察者资料</td><td>姓名</td><td>尹淑莲</td><td>年龄</td><td>46</td><td colspan="4">教龄</td><td>23</td></tr>
<tr><td rowspan="11">观察记录</td><td colspan="3" rowspan="2">观察内容</td><td rowspan="2">次数</td><td colspan="5">效果评价</td></tr>
<tr><td>A</td><td>B</td><td>C</td><td>D</td><td>E</td></tr>
<tr><td rowspan="3">教师提问类型</td><td colspan="2">1.描述性问题</td><td>3</td><td>√</td><td></td><td></td><td></td><td></td></tr>
<tr><td colspan="2">2.判断性问题</td><td>2</td><td>√</td><td></td><td></td><td></td><td></td></tr>
<tr><td colspan="2">3.论证性问题</td><td>1</td><td>√</td><td></td><td></td><td></td><td></td></tr>
<tr><td rowspan="3">学生提问类型</td><td colspan="2">4.理解性疑惑</td><td>1</td><td></td><td>√</td><td></td><td></td><td></td></tr>
<tr><td colspan="2">5.判断性疑惑</td><td>1</td><td></td><td>√</td><td></td><td></td><td></td></tr>
<tr><td colspan="2">6.实证性疑惑</td><td>1</td><td></td><td>√</td><td></td><td></td><td></td></tr>
<tr><td rowspan="3">互动类型</td><td colspan="2">7.师生互动</td><td>5</td><td>√</td><td></td><td></td><td></td><td></td></tr>
<tr><td colspan="2">8.生生互动</td><td>5</td><td>√</td><td></td><td></td><td></td><td></td></tr>
<tr><td colspan="2">9.师班互动</td><td>1</td><td></td><td>√</td><td></td><td></td><td></td></tr>
</table>

续表

观察记录	教师对互动过程的推进	10.以问题推进互动	3	√				
		11.以评价推进互动	3	√				
		12.以非语言推进互动	1	√				
	言语互动过程计时	13.三十秒以下	2	√				
		14.三十秒以上	2	√				
	教师对学生提问的态度	15.热情	5	√				
		16.冷漠	0					
		17.忽视	0					
	互动管理	18.有效调控	2	√				
		19.放任	0					

（六）教学评价观察量表

课堂教学教学评价观察量表

<table>
<tr><td>执教教师</td><td>性别</td><td>年龄</td><td>教龄</td><td colspan="2">职称</td><td>执教科目</td><td colspan="2">执教班级</td></tr>
<tr><td>董书杰</td><td>男</td><td>44</td><td>22</td><td colspan="2">中学一级</td><td>通用技术</td><td colspan="2">高二</td></tr>
<tr><td colspan="3">课题</td><td colspan="3">观察时间</td><td>观察教师</td><td>教龄</td><td>职称</td></tr>
<tr><td colspan="3">弹球运行轨道项目设计</td><td colspan="3">2017年10月18日</td><td>尹淑莲</td><td>23</td><td>高级</td></tr>
<tr><td>观察视角</td><td colspan="8">教师指导、评价学生行为表现</td></tr>
<tr><td rowspan="11">观察记录</td><td colspan="7">教师行为表现的观察视点</td><td>赋分</td></tr>
<tr><td colspan="7">1.重视学生课前准备的评价。</td><td>5</td></tr>
<tr><td colspan="7">2.激发学生学习兴趣，引导学生自主学习、合作学习和探究学习并及时评价。</td><td>5</td></tr>
<tr><td colspan="7">3.营造民主、平等、互动、开放的学习气氛，注重评价的语言与姿势。</td><td>5</td></tr>
<tr><td colspan="7">4.注重调动学生敢于回答、敢于提问并进行互相评价。</td><td>5</td></tr>
<tr><td colspan="7">5.对学生开展的各种活动进行的评价。</td><td>5</td></tr>
<tr><td colspan="7">6.重视学生语言表达能力的训练、指导与评价。</td><td>5</td></tr>
<tr><td colspan="7">7.重视答题思路的分析、答题技巧的指导与评价。</td><td>4</td></tr>
<tr><td colspan="7">8.注重学生非智力因素培养与评价。</td><td>4</td></tr>
<tr><td colspan="7">9.重视学生获得扎实基础知识，对学会学习和解决问题上的一些策略引导与评价。</td><td>5</td></tr>
<tr><td colspan="7">10.组织学生进行自我评价，填好自我评价表并对学生进行终结性的评价。</td><td>5</td></tr>
<tr><td colspan="2">赋分总计</td><td colspan="3">48分</td><td colspan="2">评价等级</td><td colspan="2">A</td></tr>
</table>

（七）教师专业发展观察量表

课堂教学教师专业发展观察量表

学校	长春市实践教育学校	姓名	董书杰	学科	通用技术
时间	2017年10月18日	课题	弹球运行轨道项目设计		
评价内容				等级	意见建议
教学目标	教学目标符合课程标准、适合学生实际；教学中目标指向明确、具体。			A	
教学内容	教学内容难易适度，分析准确，重点难点突出，能联系社会现实生活。			A	
教学策略	教学思路清晰，教学结构体现学生自主、探究、合作学习的学习方式。			A	
	创设的问题情境科学、恰当、灵活、生动，能够有效激发学生思考。			A	
	善于组织和引导学生开展多种形式的学习、探究、实践活动。			A	
	能为学生的学习、探究、实践活动提供必要的示范、帮助和方法指导。			A	
教学策略	营造开放、合作、活泼的学习氛围，善于激发学生的主体意识、创新精神。			A	
	合理应用音像设备、实验器材、信息技术等教学辅助手段。			B	
	对学生的学习活动予以恰当的评价；组织学生及时总结反思。			A	
教学效果	学生学习认真，积极主动，气氛热烈，思维活跃。			A	
	学生表达问题、课堂检测正确率比较高。			A	
专业素质	本学科专业知识丰富、专业技能熟练。			A	
	有较强的课堂管理能力，能恰当地处理偶发事件和非预设性问题。			A	
	语言表达准确、流畅，能用普通话教学；板书准确、规范、清晰、合理。			B	

续表

其他意见	课堂教学节奏的把握要加强，特别是学生实践环节，要注重收放自如。	总体印象
		好

（注：细目等级、总体印象，分为：好、较好、一般、较差）

观察评价人：尹淑莲

二、分析观察量表得到的结论

1.《技术与设计 1》与《技术与设计 2》知识的有效融合

教学项目承载必修模块知识较全面：《技术与设计 1》中设计的基础知识，设计的交流与评价；《技术与设计 2》中结构的稳定性和强度、结构设计要考虑的基本因素；流程设计；系统分析和系统设计的基本知识；控制对象的分析和控制手段的调整等都有涉及。同时项目设计分析时涉及物理、数学等学科知识，高二年级学生有一定学科知识基础，在项目设计时能很好地从理论上进行合理分析处理。

2. 教学项目便于开展

项目的选择具有趣味性、挑战性，学生参与活动比较积极，项目开设以来课堂教学效果极佳。同时该项目选材方便，成本较低，消耗较少，方便开展。

3. 教师的有效指导和科学合理的评价手段在教学过程中要不断完善

教师的有效指导和科学合理的评价手段可以激发学生的学习兴趣和参与热情，使学生乐于参与，并能在设计制作过程中积极思考，发挥自己的创造力和想象力。教师要结合学生的实际情况，具体开展有效合理的指导和评价。

4. 项目提升空间比较大

项目在材料的选择和控制效果的开发上还有创新空间。结合学校的办学条件可以在材料的选择上再丰富一些，控制要求上再高一些，这样会更有挑战性，项目的开发空间还很大。

参考文献

[1] 教育部 . 基础教育课程改革纲要（试行）[J]. 人民教育，2001（9）:6-8.

[2] 教育部 . 普通高中课程方案（实验）[M]. 北京：人民教育出版社，2003.04.

[3] 中华人民共和国教育部制定 . 普通高中通用技术课程标准（2017 年版）[M]. 北京：人民教育出版社，2018.01.

[4] 教育部基础教育司，教育部师范教育司 . 普通高中新课程教师严修手册：技术课程标准严修（通用技术）[M]. 北京：高等教育出版社，2004：1–2，10–15，28–36.

[5] 李丽英，赵柏岩 . 长春教育基地通用技术教学概述 [J]. 中国教育技术装备，2010（17）：40–41.

[6] 赵柏岩 . 关于高中通用技术学业水平考试的思考 [J]. 高考，2015（2）：115.

[7] 赵柏岩 . 不仅仅是制作——我的通用技术课程观 [J]. 新课程（中学），2015（3）：148.

[8] 赵柏岩 . 浅谈通用技术核心素养的构建 [J]. 通讯世界，2016（18）：242.

[9] 赵柏岩 . 通用技术教学中的问题与对策探究 [J]. 信息记录材料，2016（05）：121–122.

[10] 赵柏岩 . 关于全学段实施通用技术教育的可行性研究 [J]. 科技展望，2016（30）：353.

[11] 赵柏岩 . 高效课堂教学十大问题探讨 [J]. 科学中国人，2016（33）：357.

[12] 赵柏岩 . 浅谈无线同屏器、360WiFi 快传与手机的结合使用 [J]. 科技传播，2017（8）：53–54.

[13] 赵柏岩 . 试论通用技术教学应遵循的目标及原则 [J]. 科学与财富，2017（5）：221.

[14] 赵柏岩 . 高中通用技术必修模块的教学策略与建议 [J]. 卷宗，2017（15）：97.

[15] 赵柏岩 . 建筑构造及其设计浅探 [J]. 建材与装饰，2017（36）：63–64.

[26] 顾建军 . 普通高中新课程资源系列 通用技术教学指南 必修第一册 [M]. 北京：现代教育出版社，2017：34–47.

[27] 顾建军 . 通用技术课程实施的几个关键问题 [J]. 基础教育课程，2009（5）：26–27.

[28] 段青 . 普通高中通用技术课程实施研究 [J]. 新教育，2011（Z1）：30–31.

[29] 王鸿江 . 现代教育学 [M]. 上海：上海教育出版社，2001：1–4，103–104，190–249，276–278，410–415.

[20] 邢志芳 . 普通高中学生通用技术课程认同现状研究 [D]. 长春：东北师范大学，2006：3–6，11–20.

[21] 陈伟强 . 通用技术课程实施中的四种关系及应对策略 [J]. 电化教育研究，2012（07）：85–89，115.

[22] 齐国斌 . 浙江省通用技术课程实施现状、问题及对策研究 [J]. 科教导刊（上旬刊），2010（01）：79–80.

[23] 韦斌 . 关于如何开好通用技术课的研究 [J]. 西部大开发（中旬刊），2012（009）：159.

[24] 李红莉 . 通用技术课实施策略研究 [J]. 中国教育技术装备，2010（10）：12.

[25] 袁桂英 . 如何让通用技术课的开设走出困境 [J]. 中国现代教育装备，2013（06）：60.

[26] 中共中央国务院 . 国家创新驱动发展战略纲要 [M]. 北京：人民教育出版社，2016.05.

[27] 李岚清 . 加强科学技术普及工作 提高全民族的科学素质 [J]. 求是杂志，2003（6）:4–8.

[28] 黄济，王策三 . 现代教育论 [M]. 北京：人民教育出版社，1996:46–85，224–240，353–370.

[29] ITEA.(1997).Standards for technology education–content standards grades K–12(second draft).Blacksburg, VA:International Technology Education Association.

[30] US Department of Education.Transforming American Education: Learning Powered by Technology. National Education Technology Plan, 2010.

后记

21 世纪的前 20 年里，我们感受到的最大变化就是速度，科学技术迅猛发展，以信息化、网络化、数字化为特征的知识经济对复合型人才、创新型人才的需求越来越旺盛，教育的功能不仅仅体现在“教书”上，“育人”显得尤为重要。要想培养出时代需要的复合型人才、创新型人才，我们的教育就要不断创新，不断改革，唯有适合时代发展的教育才能培养出时代发展需要的创新型、复合型人才。

通用技术学科对于培养具有创新精神和实践能力的时代新人具有不可替代的作用。由于课时少、课程内容多，高中学生又要面对高考的压力，以及通用技术学科知识的系统性、连贯性等原因，建议高中通用技术学科进行学段下移，避免基础教育出现前松后紧的情况，避免因初中、高中过度学习造成大学厌学和后劲不足的情况，应努力探索全学段实施通用技术教育的可行性。

一位好校长成就一所好学校；一位好教师就是一门好课程。好校长、好教师要有对前沿教育理论的洞悉，对课改理念的思考，对教学教法的研究，对教材的梳理和对国家教育政策的及时了解，这些都需要我们做教育的人具有一种研究型的思维，一种学者的姿态。教师兴则教育兴，教育兴则人才兴，人才兴则国家兴。教师热爱科技创新才能有创新型教师，有了创新型教师才能有创新型学生，这样的学生才能更好地服务社会，拥有美好的人生。教育只有坚持科技创新，不断探索、不断研究，才能与时俱进，才能满足国家创新发展战略对人才的需求。随着新课程改革的不断深入和教师专业化发展的不断提升，创新发展将会越来越被提升到国家发展战略的高度。

有人说，教育就是一场修行，课堂和讲台是属于教师的“道场”，行走其间，且行且修炼，细细关注，发现自己的内心，不断调整和修正自己的言行。十三年来，长春市通用技术学科在市教育局的高度重视下，在长春市基础教育研究中心的专业引领下，在各校领导与老师们的积极努力下，教育教学取得了长足发展。课程在实施中坚持以课标为依据，以丰富多彩的技术实践活动丰富教学内容，特别突出了设计与创新，展现通用技术课程的魅力。通过汲取本土深厚的技术文化与国内各地区的不同文化，长春市通用技术学科初步形成了自己的教育教学特色。未来我们将继续砥砺前行，努力提高通用技术教育教学质量，培养学生更好地适应并服务于飞速发展的科技社会。